마음의 품격,
자기자비 심리학

마음의 품격, 자기자비 심리학

초 판 1쇄 2024년 05월 28일

지은이 정유리, 손소망, 이예지
펴낸이 류종렬

펴낸곳 미다스북스
본부장 임종익
편집장 이다경, 김가영
디자인 윤가희, 임인영
책임진행 이예나, 안채원, 김요섭, 임윤정

등록 2001년 3월 21일 제2001-000040호
주소 서울시 마포구 양화로 133 서교타워 711호
전화 02) 322-7802~3
팩스 02) 6007-1845
블로그 http://blog.naver.com/midasbooks
전자주소 midasbooks@hanmail.net
페이스북 https://www.facebook.com/midasbooks425
인스타그램 https://www.instagram.com/midasbooks

© 정유리, 손소망, 이예지, 미다스북스 2024, *Printed in Korea*.

ISBN 979-11-6910-663-4 03180

값 17,500원

미다스북스는 다음세대에게 필요한 지혜와 교양을 생각합니다.

마음의 품격,
자기자비 심리학

정유리 손소망 이예지

미다스북스

프롤로그

　우리는 워커홀릭이다. 공교롭게도 우리는 사회에 첫발을 내딛은 그 순간부터 지금까지 일과 사랑에 빠진 채 살았다. 성과를 거두면 재미있었고 상사에게 인정받으면 그게 그렇게 좋았다. 그래서 어떤 미션이 주어지면 몇 날 며칠이건 철야를 자처했다. 몸이 망가지거나 마음이 아파지는 것 따위는 중요하지 않았다. 일과 사람, 우리에겐 그것이 인생의 전부였다.

　우리는 과연 성공했을까? 성공을 어떻게 정의하느냐에 따라 다르게 평가할 수 있겠지만 적어도 실패한 인생이라 할 수는 없을 것이다. 왜냐면 우리는 열심히 살았으니까. 누구보다 많이 아파했으니까. 그리고 수도 없이 울었으니까. 처절하게 치열했던 그 과정만큼은 부정할 사람이 아무도 없을 것이다. 다시 말하지만 우리는 참 어려운 삶을 살았다.

마음의 품격, 자기자비 심리학

그런 우리가 자기자비를 만나면서 인생이 변하기 시작했다.

자기자비는 불교에서 유래된 용어인 자비를 바탕으로 서양심리학자 네프(Neff)가 이론화한 개념이다. 자기자비를 높이려고 노력하면 자기에 대한 이해와 자비로운 태도를 높일 수 있다. 우리가 우리 자신의 강점과 약점을 있는 그대로 인정하고 받아들이는 것을 통해 성장하고 발전할 수 있도록 돕는다. 지나온 시간 속에서 누구보다 치열했던 세 명의 작가는 자기자비를 실천하려고 노력한다. 그리고 우리와 같이 어려움을 겪고 있는 사람들이 더 나은 삶을 살 수 있도록 자기자비를 알리는데 뜻을 모았다.

인생에서 고통은 피할 수 없는 부분이다.

인생의 한 페이지 속 고통의 순간 스스로의 편이 되어 비난하지 않고 자비롭게 대하는 것.

고통이 나만 겪는 일이 아니라는 것을 깨닫고 다른 사람과 연결되어 있다는 것을 이해하는 것.

다른 사람과 비교하지 않고 나를 있는 그대로 받아들이는 것.

이것이 바로 자기자비다. 이런 자기자비를 이해하게 되면 인생에서 현재 상태에 머무르고 수용하게 된다. 자신의 상태를 비관하며 로또 당첨과 같은 일확천금의 횡재수를 기다릴 필요도 없고, 지금 잘 나가는 사업가 또는 유명 인물이라고 들떠 있을 필요도 전혀 없다. 위를 바라보며 기다리면 고역스럽고 위에 떠 있다면 언제 내려갈까 불안하다.

자기자비를 통해 궁극적으로 우리가 우리 인생에서 얻을 수 있는 것은 평온한 마음 상태이다.

인생에서 거친 파도가 휘몰아 칠 때, 그것이 긍정적인 것이든 부정적인 것이든 우리는 자신의 인생을 잘 항해하는 방법을 알아야 한다. 아무리 거친 파도라 하더라도 바람이 그치고 나면 다시 잔잔한 물살로 변하는 것이 세상의 이치라는 것을 우리는 항상 마음속에 담고 살 필요가 있다. 당장 눈 앞에 펼쳐진 시련도 언젠가는 끝날 것이라는 사실을 기억한다면 좌절하지 않고 이겨낼 수 있을 것이다. 자기자비란 결국 현실에서 최선을 다해 살기 위한 마음가짐이다.

정체 모를 감정 때문에 힘들어하는 스스로를 다독이고, 안아줄 수 있는 삶. 누구도 아닌 자기를 위해 마음 한 편을 내어주는 삶. 따뜻한 온기로 둘러싸인 삶. 스스로 안정감을 느낄 수 있는 삶.

부디, 모두가 그런 삶을 살길 바란다.

작가 이야기

살면서 가장 힘들었던 기억을 손꼽기 힘들 정도로 아픔이 많다. 가장 큰 힘이 되어주어야 할 가족은 늘 정 작가의 마음을 무겁게 눌러댔다. 불편했고, 불안했다. 가족들을 이해해 보려고 애쓰며 살아왔지만 사실 절대적으로 부질없는 것이었다. 부모에게서 사랑을 느끼지 못하며 외롭게 자란 그녀에게 사랑이 무엇인지 알려준 건 첫사랑이었다. 처음으로 수용 받는다는 것이 무엇인지 알게 되었고 누군가를 믿을 수 있게 되면서 자신의 인생에도 꽃이 피는 줄 알았다. 그러나 인생은 결코 호락호락하지 않았다. 교사로 일하며 또 한 번 인생의 가장 힘든 시기를 맞은 그녀는 자신을 돌볼 틈도 소중한 사람을 바라볼 틈도 없었다. 결국 첫사랑은 8년이라는 시간을 끝으로 다른 사랑을 찾아 환승했다. 깜깜한 터널의 끝에 빛이 있기 마련인 것처럼 긴 터널을 지나쳐온 그녀의 앞에는 빛이 드리워 있다. 서울대학교 교육심리 박사 과정을 밟고 있는 그녀는 자기자비를 만나면서 지금은 남을 통한 사랑이 아닌 자기가 자기를 사랑하는 방법을 연구하며 실천하고 있다.

마음 연구 학자 정유리

손 작가의 삶은 많은 어려움으로 가득한 여정이었다. 더 나은 결과를 위해 늘 고민했고 항상 무언가에 몰두해 있었다. 일을 포기하고 아이를 가지라던 시아버지의 압박이 계속되면서 첫 번째 결혼은 실패로 끝났다. 고부갈등이라는 총알 없는 전쟁터에서 꺾이고 싶지 않았던 그녀의 선택이었다. 두 번째 결혼 생활도 순탄하지는 않았다. 남편과 가족의 응원으로 행복으로 채워가던 때 준비하던 사업이 무참히 실패한 것이다. 함께 준비하던 동업자의 배신은 "자랑할 게 필요하니 아이를 낳아라."라고 하셨던 전 시아버지의 차가운 말보다 큰 상처였다. 고향으로 돌아가 남편과 아이, 언니네 가족과 함께 지내고 있지만 쓰디쓴 실패의 맛은 어쩐지 게워지지 않는다. 어떤 마음으로 아이를 키우고 있는지 모를 정도로 힘들었던 손 작가를 잡아준 건 자기자비다. 길고 긴 삶의 터널을 지나는 동안 많은 어려움과 역경을 극복해 온 그녀는 자기자비를 통해 내면의 힘과 용기를 발견했고 또 다른 꿈을 향해 나아가고 있다.

교육 콘텐츠 사업가 손소망

내일모레면 마흔인 전직 특종 기자다. 이름만 대면 알만한 사람들의 이야기를 취재하고 보도했었다. 밤낮 가리지 않고 열심히 일했던 결과는 두 번의 특종상이라는 얼굴만 한 크기의 빳빳한 종이로 남겨져 있다. 그녀의 20대는 엉망진창이었다. 가정환경에 변화가 있었고 여러 번의 연애는 역시나 상처만 남겼으며, 결혼 후에도 일에 쫓겨 정작 자신과 남편을 돌보지 못했다. 그녀의 30대는 더 시궁창이었다. 갑작스러운 쌍둥이의 탄생은 인생을 계획에 없던 자갈길로 인도했다. 절대적 꿈이었던 매거진 편집장이 되기를 포기한 채 노트북을 닫고 유모차를 끌었다. 곧 끊어질 위기의 동아줄을 간신히 잡고 있는 것처럼 아슬아슬하게 경력을 이어갔지만 언제 또 인생이 꼬일지 몰라 매일이 불안했다. 눈물로 지새우는 밤이 길어질수록 몸과 마음, 생각이 피폐해졌다. 모두가 힘들어했던 이 작가를 변화시킨 건 자기자비다. 자신의 실수와 과오, 그간의 선택을 평가하지 않고 있는 그대로 받아들이자 날카로움은 사라지고 진짜 자신을 발견했다.

생각 디자이너 이예지

CONTENTS

2장 자기친절 : 나를 대하는 태도

3장　인류보편성 : 모두 다 그래

4장 마음챙김 : 있는 그대로

1장

나의 품격,
자기자비

- - - - - - - - - - - - - - - - - - - -

자비는 모든 생명들이
고통과 고통의 원인에서 벗어나기를 바라는
진심어린 소망이다.

달라이 라마 Dalai Lama

- - - - - - - - - - - - - - - - - - - -

당신은 누구와 가장 많은 시간을 보내는가?
인생이라는 치열한, 때론 살벌하기까지 한 전쟁터에서
누구를 믿을 수 있어야 할까?

바로 '자신'이다. 삶이 위태로울수록 더욱 그렇다.

하지만 많은 사람들은 반대로 힘든 순간일수록 자신에게 모질다.
'나는 왜 이렇게 밖에 못하는 거지?'라는 자책으로 가득하다.

고통에 처했을 때 혹독한 자기 비난을 하는 대신 온화한 태도로
자신을 돌보는 것.
자신을 향한 진정한 자비.
그것이 인생의 고난에서 우리에게 필요한 태도, 자기자비다.

'나의 품격'은 마음에서,
'마음의 품격'은 나를 대하는 태도에서 나온다.
자신과 좋은 관계를 맺을 때에 비로소
자신의 품격을 찾을 수 있다.

1) 성공으로 가는 길에 만난 고비

인간은 본능적으로 성공을 갈망한다. 최근엔 경제적 자유를 얻어야만 성공한 인생이라 여기는 경향이 짙어졌다. 성공을 위한 팁을 다룬 책이 연일 베스트셀러에 오르고 경제적 풍요를 위한 방법을 알려주는 유튜브 채널이 높은 인기를 얻는 이유일 것이다.

아이러니한 건 이 '성공한 사람'의 방법이 모든 사람에게 보편적으로 적용되지 않는다는 것이다. 성공한 사람들의 '노하우'를 무작정 따라 해 본 사람이라면 알 것이다. 사람마다 성향과 처한 상황이 다르기 때문에 소위 말하는 '성공하기 위한 방법'이 효과적이지 않을 수 있다는 사실을 말이다.

어릴 때부터 겪어온 어려움과 트라우마는 누구에게나 있다. 그러나 현실의 문제를 극복한 과정과 결과는 상대적인 것이며, 개개인의 고유한 경험이라 할 수 있다. 다시 말해 유튜브나 책에서 나오는 유명한 사람들이 말하는 그 방법은 '그들만의 고유한 삶'이기 때문에 가능하다. 그런데도 우리는 그들처럼 살지 못하면 '무능하고 게으른 사람'이 된 것처럼 스스로를 다그친다.

나는 아주 바쁘게 산다. 교사라는 꿈의 직장을 포기하고 대학원에 진학해 매일 밤을 논문과 사투 중이다. 시간을 쪼개고 쪽잠을 자면서도 새로운 길에 대한 기대감으로 부풀어 있다. 이번 학기에도 최대 수강학점인 12학점을 신청했다. 대학원에서만 바쁜 건 아니다. 학부 시절에도 나는 최대 학점인 19학점에 1점 더해 매 학기 20학점을, 방학 때는 6학점을 꽉꽉 채워 들었다. 그렇게 영어와 상업을 동시에 교직이수 하며 무려 181학점으로 졸업했다. 동기와 선후배들이 '이번 학기 괜찮겠냐.'고 물어도 난 괜찮았다.

미라클 모닝, 새벽 운동, 아침 수영…. 밈처럼 번지는 '갓생 살기'를 위해 이 모든 걸 도전해 봤다.

이것들이 나를 더 행복하게 만들어 줬을까?

아니다. 심지어 아침 수영은 내 삶을 윤택하게 하기보다 괴롭게 만들었다. 그럼에도 이런 목표를 성취하지 못한 스스로를 책망하고 부족하게 느꼈다.

그때의 나는 나를 잘 몰랐다. 나의 부족함은 모두 의지로 극복할 수 있다고 믿었다. '나'라는 고유의 정체성에서 나오는 나의 특성을 이해하지 못했기 때문에 남에게 좋은 것이 나에게도 좋은 줄 알았다. 자신을 최대로 효율적이고 효과적으로 사용하는 방법은 사람마다 다를 수 있다는 것을 미리 알았더라면 좋았을 텐데 말이다. 여러 번의 시행착오 덕분에 지금은 안다. 내가 할 수 있는 것과 할 수 없는 것이 있다는 사실을.

자기계발서와 그들의 성공스토리에서 배울 점이 없다고 말하는 건 아니다. 그것으로부터 배울 게 있고 그렇기에 값지다. 어려운 상황에 놓인 사람들이 자기계발서를 찾는 이유다. 성공의 구체적인 방법은 그들만의 것이라면 우리는 그것으로부터 무엇을 배울 수 있을까?

누구에게나 고통의 순간이 있기 마련이다. 어려운 상황이 닥쳤을 때, 앞이 보이지 않을 때, 우리는 성공한 사람들의 마음가짐에 주목해야 한다. 그들은 기존의 생활 습관을 버리고 본능적으로 드는 부정적 생각들을 이겨내려고 의식적으로 노력한다. 우리 몸과 감각이 편하다고 느끼는 것들을 역행해야만 비로소 자신이 진정으로 원하는 길을 걸을 수 있다. 즉, 성공은 지금 당장 죽을 것 같이 힘들더라도 두려움과 불안감을 견뎌내고 한 발 앞으로 나아가는 사람에게 문을 열어준다.

너무 절망적인가? 인생은 저마다의 전투라는 것, 각자의 숙제를 풀어가고 있는 중이라는 것.

하지만 그것을 풀어냈을 때 비로소 성장할 수 있다는
것. 이 사실들을 받아들이는 것. 이것이야말로 성공으로
이끄는 첫 번째 마음가짐이다.

by. 정유리

2) 힘들수록 놓치지 말아야 할 것들

성공으로 가는 길목에서 우리는 수많은 고통을 마주한다. 죽을 만큼 힘든 상황, 죽고 싶을 만큼 힘든 감정이 때때로 자신을 지배한다. 애석하게도 그것을 이겨내지 못하고 극단적인 선택을 하는 사람도 있다.

아마 한 번도 힘들어 보지 않은 사람은 없을 것이다. 중요한 건 모두에게 찾아오는 고통스러운 순간을 어떤 마음으로 이겨내야 하느냐다. 인생이 죽을 만큼 힘들다면, 끝이 보이지 않는 긴 터널을 지나고 있다면, 한 가지만 기억하자. 그것은 바로 자기 자신과 좋은 관계 맺기이다. 자신에 대해 판단하고 평가하는 태도를 내려놓고 자신을 따뜻하게 바라보고 지지하고 수용하는 것만이 흔들리는 마음을 붙잡아줄 수 있다.

만약 당신이 고통의 순간에 있다면, '이걸 성공해야 멋있는 사람이야.', '이 정도는 해내야지.', '이런 것도 못하다니 정말 싫다.' 와 같은 내적 평가를 멈추기를 바란다. 당신이 그동안 무엇을 이루었는지는 중요하지 않다. 당신은 존재 자체만으로 가치 있는 사람이다.

이 말이 와닿지 않는가? 무슨 말인지 계속 생각하게 되는가?

나도 자기자비라는 개념을 처음 접했을 때 그랬다. 평생 내적 평가자로서 스스로를 판단하며 살아왔기에 내가 그렇게 하지 않을 수 있다는 것 자체가 의문이었다. 매사에 스스로를 채찍질하며 엄격하게 대했고 사소한 잘못이나 실수에도 수치스러워했다. 도무지 자기자비를 어떻게 하는 건지 감도 잡히지 않았다.

나의 경우 이것은 나의 성장 환경과 관련이 있었다. 나는 성인이 되기 전까지 누군가에게 조건 없이 있는 그대로 수용받아 본 적이 없다. 다시 말해 가정으로부터 정서적 안정감이나 정서적 지지를 느껴본 적이 없다. 가정은 나에게 생존과 직결되는 위험이었고 하루가 무사히 지나가기를 바라며 항상 불안에 시달렸다. 나의 잘못이 아닌데도 내 탓, 내 책임으로 돌아왔다. 그나마 나의 욕구를 죽이고 남을 위해 최선을 다해 잘하면 종종 듣던 칭찬과 조금이나마 나아지는 분위기. 어린 나는 내가 어찌하지 못하는 많은 것들 속에서 나의 불안을 조금이라도 이겨내기 위해 불안과 힘듦은 외면한 채 아무렇지 않은 척 좋은 딸이 되기 위해 최선을 다했다.

가정에서 겪는 불행에서 무엇보다 슬픈 점은 자신이 겪는 일들을 객관적인 관점에서 인지할 수 없다는 것이다. 나 역시 그랬다. 태어나서 평생 노출된 가정이란 환경에서 '우물 안 개구리처럼' 다른 가정을 알 수 없었고, 내가 겪는 것과 다른 것들을 기대조차 할 수 없었다. 잘하면 당연한 것, 잘못하면 심한 체벌, 심지어 잘못하지 않아도 받는 비난과 짜증, 그런 상황이 당연한 줄 알았다. 아이로서, 딸로서 부모에게 무언가를 기대하고 바랄 수 있다는 것도 몰랐다.

'진정한 나'는 없고 '타인을 위한 도구로서의 나'만 있었다.

나는 20대 후반이 되어서야 비로소 이 모든 사실들을 객관적으로 볼 수 있게 되었다. 그리고 그때서야 나는 철저히 깨달았다. 이제는 내가 나를 지켜줘야 함을. 내가 누구인지 찾고 나로서 존재해야 함을. 진정으로 나를 위해 줄 사람은 나밖에 없다는 것을.

그리고 그 후로부터 진짜 인생이 시작되었다.

누구나 사연은 있다. 그리고 그 사연의 내용과 깊이는 모두 다르다. 하지만 중요한 건 자신이 불행하다고 느끼는 순간, 자신과의 관계를 살펴보는 것이다.

만약 당신이 자신의 편이 아니라면 스스로와의 관계 개선이 필요한 시점이다. 지금이라도 늦지 않았다. 자신과의 관계를 개선하자. 지금의 나를 있게 해준 과거의 나를 생각해 보자. 그때의 내가 없었다면 지금의 나도 없다.

죽을 만큼 힘든 시간을 버텨준 자신이 어떻게 느껴지

는가? 포기하고 싶고 도망가고 싶고 모든 걸 놓아 버리고 싶던 그 때, 그 시간을 버텨준 스스로를 있는 그대로 바라보자. 그리고 다독여주자. 수고했다고. 고마웠다고.

아직도 자신과의 관계가 어떤지 진단하기 어렵다면 다음 질문에 솔직하게 대답해 보기를 바란다.

혼자 있을 때 자신의 모습을 떠올려 보자. 삼각김밥이나 라면으로 대충 끼니를 때우고, 침구, 샴푸, 치약 등 생필품을 가장 저렴한 걸 선택하고 있지는 않은가? 그러면서도 다른 사람에게 줄 선물을 고를 때는 그 사람의 반응을 떠올리면서 상품평을 공부하듯 조사하지는 않은가?

이것이 우리가 스스로를 대하는 모습이다. 스스로의 가치를 확인하기 위해서 타인의 인정을 바라곤 한다. 다시 말해 외부에서만 자신의 가치를 찾고 있다. 이는 나의 본질을 보지 못하고 엉뚱한 곳에서 나를 채우고 있다는 것을 보여준다. 목이 마르다고 바닷물을 마시는 것과 같다. 따뜻하고 깨끗한 물이 필요한 자아에게 짜디짠 바닷물을 주면 어떻게 될까? 갈증이 해소되기는커녕 자아는 더욱 갈급해질 것이다.

타인에게 보이는 '나' 보다 내가 생각하는 '나'를 위해 보자. 스스로를 소중하게 대하고 좋은 것을 선물하자. 내가 먼저 소중하게 여겨야 할 사람은 바로 나다.

by. 정유리

3) 높은 자존감이 때론 위험하다

최근 많은 매체에서 자존감을 높이라고 가르친다. 높은 자존감이 인생에서 가장 중요하다고 말하고 자존감이 정신 건강을 좌우한다고 말한다. '자존감'을 주제로 한 콘텐츠가 쏟아지고 이를 바탕으로 한 책들이 서점을 장식하고 있는 이유다. 그런데 정말 자존감이 높으면 무조건 좋은 걸까?

자존감은 자신을 가치 있게 여기는 스스로의 평가를 말한다. 하지만 단순히 자존감이 높다는 사실만으로 그 사람의 건강한 심리적 상태를 보장할 수 없다.

다음은 자존감 확인을 위해 자주 사용되는 문항이다.

다음 문항에 1점부터 5점까지 점수를 표시해 보자.

1.전혀 그렇지 않다   2.그렇지 않다   3.보통이다   4.그렇다   5.매우 그렇다

형광펜으로 표시된 문항은 역채점 문항으로 점수를 역산한다.

① 나는 나 자신에게 아주 만족하고 있다.　　　　　　　(　)

② 나는 가끔씩 내가 좋지 않은 사람이라는 생각을 한다.　(　)

③ 나에게는 좋은 점이 많다고 생각한다.　　　　　　　　(　)

④ 나는 가끔씩 내가 쓸모없는 사람처럼 느껴진다.　　　　(　)

⑤ 나는 항상 실패만 하는 것 같다.　　　　　　　　　　(　)

⑥ 나는 내가 아주 중요한 사람이라고 생각한다.　　　　　(　)

⑦ 나는 다른 사람만큼 나에게 주어진 일을 해낼 수 있다.　(　)

⑧ 나는 나 자신에 대해 꽤 자신감을 가지고 있다.　　　　(　)

⑨ 나에게는 자랑할 만한 점이 많은 것 같다.　　　　　　(　)

⑩ 사람들은 나보다 다른 사람을 더 좋아하는 것 같다.　　(　)

역채점 문항 : ②, ④, ⑤ 문항

문항 중 ①, ③, ⑥, ⑦, ⑧, ⑨, ⑩ 문항은 1.전혀 그렇지 않다(1점) 2.그렇지 않다 (2점) 3.보통이다(3점) 4.그렇다(4점) 5.매우 그렇다(5점)으로 계산하여 합산하면 된다.

반면, ②, ④, ⑤ 문항은 역채점 문항으로 1.전혀 그렇지 않다(5점) 2.그렇지 않다(4점) 3.보통이다(3점) 4.그렇다(2점) 5.매우 그렇다(1점)으로 계산하면 된다.

10-15점 : 낮은 자존감

16-25점 : 다소 낮은 자존감

26-35점 : 평균 정도의 자존감

36-45점 : 다소 높은 자존감

46-50점 : 높은 자존감

* 중요 : 점수 구간은 임의로 나눈 것이다. 따라서 해당 점수 구간은 참고만 하길 바란다. 더 중요한 것은 자신의 점수 변화를 확인하는 것이다.

그런데 의문이 생긴다. 과연 이런 문항들이 우리의 심리적 건강을 말해 줄 수 있을까?

다음의 사례를 보자.

대기업에 평사원으로 입사해서 '독종'이라는 이야기를 들으며 이사까지 올라간 전 이사는 성취만을 위해 앞만 보고 달려왔다. 전 이사는 남들이 선망하는 ○○대기업에서 자신의 능력을 인정받으며 이사까지 올라온 것을 자랑스러워한다. 하지만 마음 한편에는 그 자리까지 올라가며 사람들과 주고받았던 상처가 남아있다. '일 밖에 모르는 인간'이라는 뒷담화를 들은 뒤로는 자신의 앞에서는 비위 맞추며 웃고 있는 사람들도 자신을 속으로는 무시하고 있다는 생각이 들어 괴로워한다. 전 이사는 자신의 위치에 대해서 다른 사람이 우러러보고 대접받을 때는 으쓱해진다. 하지만 자신보다 더 높은 위치에 있는 사람이나 대인관계가 좋은 사람들을 볼 때면 열등감이 스멀스멀 올라온다.

전 이사의 평소 모습은 어떨까? 자신이 원하는 '이사'

라는 직함을 달 때까지는 적어도 인격적으로 엄청난 문제가 있진 않았다. 심지어 윗사람들에게는 일 열심히 하는 직원이란 좋은 평판도 받고 있었다. 그런데 전 이사는 '이사'가 되고 나서부터는 자신의 직위를 이용하여 자신보다 낮은 직급의 타인에게 갑질을 서슴지 않는다. 업무적으로 꼬투리를 잡기도 하고, '라떼는'을 시전하기도 한다. 여기서 끝이면 좋으련만, 자신의 직위 아래 있는 다른 사람을 칭찬할 때면 자격지심을 숨기기 위해 타인에게 공격성도 보인다. 자신이 이상적으로 생각하던 '이사'라는 직함을 가진 뒤에 자신이 누구보다 가치 있다는 생각을 유지하고 싶지만 현실은 자신의 부족한 면을 부딪히게 되는 상황에 끊임없이 노출된다. 전 이사는 자기가 남들보다 뛰어나다는 '겉모습'에 지나치게 초점을 맞추고 자신의 진정한 내면인 부족한 모습을 인정하고 수용하지 못한다.

전 이사는 겉보기에는 자신의 지위와 자신이 이룬 성취에 엄청난 자존감을 가지고 있는 것처럼 보인다. 하지만 실상 그런 전 이사가 보이는 행동은 방어적이고 부적응적이다. 높은 자존감의 부정적인 측면이 바로 여기에 있다.

자존감은 좋은 대인관계, 성취, 자신이 원하는 삶에서 오는 행복에서 자연스럽게 얻어져야 하는 것이다.[2] 건강한 자존감은 결과로서 얻어지는 것인데, 마음이 텅 빈 채 높은 자존감만을 무턱대고 추구하면 결국 문제가 발생한다. 자신의 진정한 내면을 수용하지 못하고 타인과의 비교에서 자신이 가치 있다는 것을 증명하려는 데 몰두하게 되기 때문이다.

앞의 사례만 보아도 알 수 있다. 높은 자존감은 종종 우리 자신을 타인과 비교하게 만든다. 자기가 가치 있다고 할 수 있는 객관적인 근거를 찾아내려 애쓰고 가치 없어 보이는 자신의 모습을 숨기는 데 급급하게 만든다.

자존감이 건강하지 못할 때는 자신의 평가에 대한 공격적인 반응으로 이어지기도 하고 때로는 자신이 타인보다 우월하다고 느끼는 자기 고양감으로 나타나기도 한다.[3] 이 때문에 타인의 평가에 늘 예민해지고, 자신과 타인을 비교하는 늪에 더 깊이 빠지기도 한다.

자존감을 높이려고 노력하는 것으로 인생이란 이 거친

무대를 헤쳐 나갈 수 없다. 변화무쌍한 주변 환경의 영향에 민감하게 반응하도록 만들어 문제를 일으킬 수 있기 때문이다. 타인과 비교에 취약하게 만드는 자존감 높이기에 초점을 두는 삶은 옳지 않다.

어떠한 상황에서도 변하지 않을 수 있는 우리 자신에 대한 태도를 들여다보아야 한다. 자신과 좋은 관계를 맺기 위해 필요한 건강한 삶의 태도 '자기자비$^{Self-compassion}$'를 소개한다.

by. 정유리

4) 마음챙김을 넘어 자기자비로

힘든 시간을 보내고 있는 많은 사람들의 마음을 관통하기 때문일까. '마음챙김'mindfulness'이 힐링의 묘수로 떠오르면서 많은 사람들이 그것에 동참하는 분위기다.

마음챙김은 고통스러운 생각과 감정을 자신과 과도하게 동일시하지 않고 균형 잡힌 인식을 유지하는 것을 말한다. 마음챙김은 무엇보다 자기 판단, 고립, 반추의 부정적인 결과로부터 정서적으로 자신을 보호하는 긍정적 역할을 통해 인간의 성장을 돕는다. 자기자비는 이런 마음챙김을 포함하는 심리학 용어다.

자기자비라는 용어가 다소 생소하게 느껴질 수 있다. 자비를 나에게 베풀라는 것 같은데 그 의미가 무엇인지 생소할 것이다. 자기자비는 대체 무엇일까?

자기자비[Self-compassion]는 자존감의 문제점을 보완하기 위해 미국학자인 네프[Neff]가 불교의 자비를 서양 문화의 자유주의적·개인주의적 배경에 맞춰 재구성한 심리학 이론이다.[1] 높은 자존감이 뭐가 문제인가 싶지만, 놀랍게도 한동안 심리학에서는 높은 자존감을 가져도 다양한 심리적 문제를 일으킬 수 있다는 사실이 화두였다. 높은 자존감을 가진 사람들에게서 심리적으로 건강하지 못한 모습이 꽤나 나타났기 때문이다. 높지만 건강하지 못한 자존감을 설명하기 위해 취약한 자존감[fragile self-esteem]과 조건부 자존감[contingent self-esteem]이란 개념까지 등장했다.[2]

용어 정리

취약한 자존감[fragile self-esteem]

외부 자극이나 상황에 따라 영향을 받는 자존감을 의미한다. 취약한 자존감을 가진 사람들은 자존감이 높더라도 타인으로부터 부정적 피드백이나 평가, 거절을 받게 될 경우 자존감의 큰 위협으로 느낄 수 있다. 따라서 자신의 가치를 보호하기 위해 적절하지 못한 공격이나 분노 등의 행동을 보이기도 한다.

조건부 자존감 contingent self-esteem

특정 영역에서 성공 혹은 실패에 따라 자존감이 변화하는 정도를 의미한다. 사람들은 자기 가치에 근거를 두는 특정 영역을 가지고 있다. 이 특정 영역에서 성공하느냐 실패하느냐는 자신의 가치에 더 큰 영향을 미치게 된다. 즉, 자신의 가치를 근거하는 영역이 사람마다 다르며, 그 영역에 따라서 각 분야의 성공이나 실패는 자신의 가치에 다른 영향을 미치게 된다. 예를 들어 평소에 공부에 관심이 없었던 학생 A와 항상 공부를 잘 하는 학생으로 인정받던 B가 있다. 이 경우, 학생 A에게는 시험을 망친 것이 그리 큰 타격이 되지 않을 수 있다. 반면, 학생 B에게는 시험을 망친 사실은 자신의 가치 자체에 대한 큰 위협으로 다가올 수 있다.

특히 내면에서는 스스로의 가치를 진정으로 인정하지 못하면서 의식적으로 자기 가치감만 올리려고 하면 더 위험하다. 이 경우 우리의 자아는 진정한 자신과 자기가 느끼는 자존감 사이에서 오는 간극을 메우고 싶어 한다. 그런데 단기간에 진정한 자기 가치감을 성공 경험이나 만족스러운 경험을 통해 채우기 어렵다. 자아는 이런 문제를 해결하기 위해 때론 쉬운 방법을 사용한다. 바로 타인의 가치를 깎아 내려 자신의 상대적 가치를 높이려는 타인을 향한 비난이 그것이다. 이 때문에 우리는 타인의 험담이나 비난을 자주하는 사람을 보면 열등감이 많은 사람이라고 말하는 것이다.

또한 미시간대학교 연구진은 높은 자존감을 추구하는 것은 장기간으로 보았을 때 심리적 비용이 더 클 수 있다는 점을 제안했다.[3] 자존감을 추구하는 것은 단기적으로 동기로 작용하여 이익이 될 수 있으나, 장기적으로 서로 자존감을 높이기 위해 우월해지려고 노력하여 경쟁적인 분위기를 형성하게 된다. 이는 결국 장기적으로는 행복에 중요한 요소인 안정감에는 부정적 영향을 끼치게 된다는 것이다. 이렇듯 자존감을 높이기 위해 애쓰는 것은 여러 위험이 따른다. 따라서 자존감은 삶의 노력과 성취의 결과로서 자연스럽게 얻어져야 하는 것이지 의식적으로 추구하는 것은 더 나은 삶을 위한 좋은 방법이 아니다.

그렇다면 더 건강하고 행복한 삶을 살기 위해 우리는 무엇을 노력할 수 있을까?

앞서 보았듯이 결과로 얻어져야 하는 자존감을 의식적으로 높이려고 노력하는 것보다 자신을 있는 그대로 수용하려고 노력하는 것이 더 중요하다. 이러한 이유로 건강한 자기수용의 형태인 자기자비는 심리학계에서 주목받아 오고 있다. 실제로 많은 연구자들의 동의와 지지를 바탕으로 이뤄진 160여만 개의 자기자비 연구가 그 효과를 방증한다.

자기자비가 무엇인지 제대로 이해하기 위해서는 일상생활에서의 자비를 이해하는 것에서 시작할 수 있다. 미국 심리학자 고츠Goetz와 그의 동료들에 따르면 자비는 다른 사람이 고통받고 있는 걸 볼 때 발생하는 느낌과 이후에 도움을 주고자 하는 욕구를 불러일으키는 느낌이다.[4] 다시 말해, 배려심을 바탕으로 타인을 돕고 싶어 하는 따뜻한 마음이다. 즉, 자비는 인간의 고통과 떼려야 뗄 수 없는 심리인 셈이다.

불교에서는 자비의 대상을 '자신과 타인 모두'를 포함한다. 반면 자기자비는 자비의 대상을 '자기'로 본다. 고통을 경험하는 '자신'에 대한 이해와 관심을 보이는 태도를 강조하는 것이다. '타인을 향한 자비'를 강조하는 분위기 속에서 태어나고 자라면서 몸과 마음이 지쳐버린 우리에게 필요한 건 스스로를 향한 자비, 즉 자기자비가 절실하다. 특히 성과주의에 함몰된 현대사회에서는 더욱 그렇다.

다시 말해 고통을 겪고 있는 자신에게 느끼는 자비심이 바로 자기자비다. 결정적인 순간에 자신을 이해하고 지지하며, 고통을 겪고 있는 자신이 다른 고통을 겪고 있는 타인과 연결되어 있다는 것을 이해하고, 자신의 고통스러운 경험과 감정을 분리시켜 현재의 감각을 균형 잡힌 시각으로 알아차리는 것을 포함한다. 삶 속에서 때때로 찾아오는 위기를 회피하지 않고 인정하는 것, 다른 사람들도 나와 비슷한 고통을 느낄 수 있다는 것을 인지하는 것, 그 순간에도 자신을 비난하지 않고 친절하게 대하는 것이야말로 진정으로 건강한 자아를 만드는 지름길이다.

앞서 이야기한 것처럼 자기자비는 자존감의 문제점을 해소하기 위해 등장했지만 여전히 두 개념을 혼동하는 경우가 있다. 결론부터 말하면 두 개념은 다르다. 자기자비와 자존감 모두 자신에 대해 긍정적인 정서를 느낀다는 점에서 비슷하지만, 자기자비는 스트레스 사건에서 자기 자신을 있는 그대로 수용하는 것을 지향하며, 자존감은 다른 사람들로부터 인정받는 것에 더 초점을 두는 경향이 있다.

이러한 차이로 인해, 네프[Neff]는 자기자비가 자존감의 긍정적 영향력을 그대로 제공하지만 단점은 더 적다고 말한다. 시련과 역경에 부딪혔을 때 자기자비는 자존감보다 더 높은 정서적 안정성과 탄력성을 제공한다. 반대로 자기를 평가하거나, 방어하는 등 부정적인 요소와는 관련이 적다.[5]

심리학자 리어리[Leary]는 그의 동료들과 스트레스 상황 속 자기자비의 역할에 대해 연구했다. 그 결과 자기자비를 처치한 집단이 자존감을 처치한 집단보다 스트레스를 더 잘 이겨냈다.[6] 여기서 우리는 두 가지를 알 수 있다.

일상의 어려움에서 자존감보다 자기자비가 더 높은 효과를 발휘한다는 것, 그리고 자기자비를 높이기 위해 의식적으로 노력하면 어려운 상황을 더 잘 극복할 수 있다는 것이다.

그렇다고 자존감을 떨어뜨리라는 말은 아니다. 낮은 자존감이 심리적 문제를 일으킬 수 있다는 것에는 이견이 없다. 하지만 삶의 행복과 시련 극복을 위해서는 자기자비에 초점을 맞추는 것이 더 효과적일 수 있다.

by. 정유리

그렇다면 우리의 자기자비는 어떨까?

다음 문항에 1점부터 5점까지 점수를 표시해 보자.

1.전혀 그렇지 않다　2.그렇지 않다　3.보통이다　4.그렇다　5.매우 그렇다

형광펜으로 표시된 문항은 역채점 문항으로 점수를 역산한다.

① 나는 내 자신의 결점과 부족한 부분을 못마땅하게 여기고 비난하는 편이다.

② 나는 내 성격 중에서 마음에 들지 않는 점을 견디거나 참기 어렵다.

③ 내 성격 중에서 마음에 들지 않는 부분에 대해 이해하고 견디어 내려고
한다.

④ 나는 정말로 힘든 시기를 겪을 때, 내게 필요한 돌봄과 부드러움으로 나를
대한다.

⑤ 나는 기분이 처져 있을 때, 대부분의 다른 사람들은 나보다 더 행복할 거
라고 느끼는 경향이 있다.

⑥ 나는 중요한 어떤 일에서 실패하면, 나 혼자만 실패한 기분이 든다.

⑦ 나는 내가 겪은 실패들에 대해서 사람이라면 누구나 겪을 수 있는 일로 보려고 노력한다.

⑧ 나는 뭔가 부족한 느낌이 들면, 대부분의 다른 사람들도 그러한 부족감을 느낄 거라는 생각을 떠올리려고 애를 쓴다.

⑨ 나는 나에게 중요한 어떤 일에서 실패를 하면, 내 능력이 부족하다는 느낌에 사로잡힌다.

⑩ 나는 기분이 처질 때, 잘못된 모든 일을 강박적으로 떠올리며 집착하는 경향이 있다.

⑪ 나는 뭔가 고통스러운 일이 생기면, 그 상황에 대해 균형 잡힌 시각을 가지려고 노력한다.

⑫ 어떤 일 때문에 마음이 상하거나 화가 날 때, 나는 감정의 평정을 유지하려고 노력한다.

역채점 문항 : ①, ②, ⑤, ⑥, ⑨, ⑩ 문항

문항 중 ③, ④, ⑦, ⑧, ⑪, ⑫ 문항은 1.전혀 그렇지 않다(1점) 2.그렇지 않다(2점) 3.보통이다(3점) 4.그렇다(4점) 5.매우 그렇다(5점)으로 계산하여 합산하면 된다.

반면, ①, ②, ⑤, ⑥, ⑨, ⑩ 문항은 역채점 문항으로 1.전혀 그렇지 않다(5점) 2.그렇지 않다(4점) 3.보통이다(3점) 4.그렇다(2점) 5.매우 그렇다(1점)으로 계산하면 된다.

12–18점 : 낮은 자기자비

19–30점 : 다소 낮은 자기자비

31–42점 : 평균 정도의 자기자비

43–54점 : 다소 높은 자기자비

55–60점 : 높은 자기자비

* 중요 : 점수 구간은 임의로 나눈 것이다. 따라서 해당 점수 구간은 참고만 하길 바란다. 더 중요한 것은 자신의 점수 변화를 확인하는 것이다.

①, ②, ③, ④ 문항은 자기자비의 항목 중 자기친절을 의미한다.

> ① 나는 내 자신의 결점과 부족한 부분을 못마땅하게 여기고 비난하는 편이다.
> ② 나는 내 성격 중에서 마음에 들지 않는 점을 견디거나 참기 어렵다.
> ③ 내 성격 중에서 마음에 들지 않는 부분에 대해 이해하고 견디어 내려고 한다.
> ④ 나는 정말로 힘든 시기를 겪을 때, 내게 필요한 돌봄과 부드러움으로 나를 대한다.

자기친절은 실패와 고난의 상황에서 자신을 책망하거나 자기 비난하지 않고 따뜻하게 바라볼 수 있는 태도다. ①, ② 문항에 높은 빈도, ③, ④ 문항에 낮은 빈도를 표시한 경우 고난의 순간 자신의 편이 되어주지 못하고 자신을 비난을 하고 있는 것은 아닌지 점검해보자.

다음의 ⑤, ⑥, ⑦, ⑧ 문항은 인류보편성에 대한 문항
이다.

> ⑤ 나는 기분이 처져 있을 때, 대부분의 다른 사람들은 나보다 더 행복할 거라고 느끼는 경향이 있다.
> ⑥ 나는 중요한 어떤 일에서 실패하면, 나 혼자만 실패한 기분이 든다.
> ⑦ 나는 내가 겪은 실패들에 대해서 사람이라면 누구나 겪을 수 있는 일로 보려고 노력한다.
> ⑧ 나는 뭔가 부족한 느낌이 들면, 대부분의 다른 사람들도 그러한 부족감을 느낄 거라는 생각을 떠올리려고 애를 쓴다.

인류보편성이란 고통의 상황에서 이 고통이 나만 겪
는 것이 아니라, 인류가 함께 겪고 있는 인간 경험의 일
부로 받아들이는 것이다. ⑤, ⑥번 문항에 높은 빈도, ⑦,
⑧ 문항에 낮은 빈도를 보일 경우 자신만 이런 불행을 겪
고 있다고 여기는 자기중심적 생각에 빠져, 외로움과 단
절감을 느끼는 고립의 위험성이 있다.

마지막으로 ⑨, ⑩, ⑪, ⑫ 문항은 마음챙김과 관련된 항목이다.

---

⑨ 나는 나에게 중요한 어떤 일에서 실패를 하면, 내 능력이 부족하다는 느낌에 사로잡힌다.

⑩ 나는 기분이 처질 때, 잘못된 모든 일을 강박적으로 떠올리며 집착하는 경향이 있다.

⑪ 나는 뭔가 고통스러운 일이 생기면, 그 상황에 대해 균형 잡힌 시각을 가지려고 노력한다.

⑫ 어떤 일 때문에 마음이 상하거나 화가 날 때, 나는 감정의 평정을 유지하려고 노력한다.

마음챙김은 고통스러운 생각 및 감정들을 비판단적으로 있는 그대로 수용할 수 있게 해준다. ⑨, ⑩ 문항에 높은 빈도와 ⑪, ⑫ 문항에 낮은 빈도를 보이고 있는 경우, 습관적이고 자동적인 부정적 감정과 사고에 사로잡혀 있을 가능성이 있다.

자기친절, 인류보편성, 마음챙김에 대한 자세한 이야기는 다음 장에서 하도록 하겠다.

이제, 자기자비를 만날 준비가 되었는가?

이제야 비로소 자기자비를 만난 당신은

이 책을 덮을 때 놀라운 결과를 마주할 수 있을 것이다.

바로 자기자비 점수가 높아져 있을 것이다.

그것만으로도 충분히 의미 있다.

이 사실을 품은 채 자기자비 여정을 시작해 보자.

내 안의 자비 만나기

1. 자비로운 사람의 이미지를 생각해 봅시다. 자비로운 사람은 다른 이의 고통을 공감하고 이해하고 그의 고통을 완화하고자 돌보는 사람일 수도 있습니다. 또한 내가 아는 누군가 일 수도 있고 내가 모르는 누군가 일 수도 있습니다.

   중요한 것은 내가 진실로 관심과 돌봄을 받고 싶은 대상을 떠올려 보는 것입니다. 이 사람은 나의 좋은 점과 부족한 점을 아주 잘 알고, 내가 지금까지 살아온 모든 날과 내가 숨기고 싶은 것들, 나만 알고 있는 약점과 상처까지 잘 알고 있습니다.

   이 사람은 나에게 비판적이지 않으며 판단하지 않고 자비로운 마음으로 나를 무조건적으로 공감하고 수용해 줍니다.

   당신이 떠올린 자비로운 이미지의 대상에 대해서 묘사해 봅시다. 이 대상은 당신에게 어떤 이미지입니까? 또는 어떤 특징을 가지고 있습니까?

   (그림, 색, 글 어떤 것으로 표현해도 괜찮습니다.)

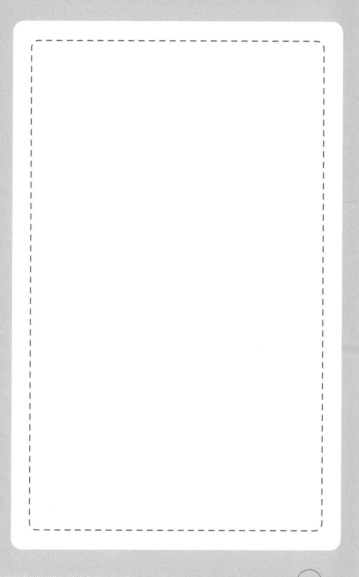

2. 무한한 자비심을 가진 이는 자신의 고통과 소망을 모두 이해하고 있습니다. 자기 비판적 태도는 자신이 원하는 것을 이루고자 하는, 그리고 자신을 보호하고 지키려는 동기로부터 나왔음을 알아차려 봅니다. 내가 떠올린 이상적인 자비로운 사람은, 내가 느꼈던 고통들에 대해서 어떤 위로를 건네올까요?

 스스로에게 비판적인 태도를 가질 수밖에 없었던 과거의 경험 (내가 겪은 감정, 생각, 소망)을 이해하고 공감하는 말을 건네봅니다. 또한 그동안 애써온 나에게 위로와 공감, 이해를 담은 따뜻한 말을 전해봅시다.

_____

_____

_____

_____

_____

3. 자비로운 이가 스스로를 한없이 따뜻한 마음으로 바라보고 있음을 상상해 봅니다. 이때 느껴지는 감각과 감정에 집중해봅니다. 내가 살아오며 겪었던 힘든 순간들, 지쳤던 순간들, 포기하고 싶었던 순간들, 그만두고 싶었던 순간들, 울고 싶었던 순간들에 이 존재가 나를 무한히 수용해 준다고 생각하고 그때의 느낌을 적어봅시다.

_____

_____

_____

_____

_____

2장

자기친절 :
나를 대하는 태도

- -

친절은 이 세상을 아름답게 만들며 모든 비난을 해결한다.
그리고 얽힌 것을 풀어 헤치고, 어려운 일을 수월하게 만들고,
암담한 것을 즐거움으로 바꾼다.

톨스토이 Tolstoy

- -

힘든 시간을 보내는 친구가 있다면 당신은 어떻게 하겠는가. 아마도 따뜻한 음료를 건넬 것이고, 어깨를 다독여주거나 손을 잡아줄 것이다. 정말 가까운 사이라면 따뜻하게 안아줄 수도 있다. 이렇듯 사람들은 친구나 가까운 사람이 힘들고 어려운 시간을 보낼 때 그들에게 친절을 베풀며 지지하는 메시지를 보내려고 한다.

그렇다면 나 자신에게는 어떠한가. 아파도 아프다고 말하지 못하고, 힘들어도 힘들다고 말하지 못한다. '걱정할까 봐, 실망할까 봐, 나약해 보일까 봐'. 사회와 규범 그리고 문화가 그러한 분위기를 형성해 왔기 때문이다. 그래서 우리는 종종 자신에게 훨씬 더 가혹하고 불친절하다.

자기자비는 자신을 냉정하게 비난하기보다 자애롭고 지지적인 태도로 대하라고 가르친다. 자신이 무가치하다고 느낄 때, 삶에 의욕이 사라지고 있을 때 가장 필요한 게 자기자비다. 역경과 고난에서 흔들리는 자아를 극복할 수 있는 건 결국 자기뿐이기 때문이다.

1) 어느 욕망녀의 고백

얼마 전, 오랜 친구의 집에 다녀온 후로 찜찜한 마음이 가시질 않는다. 같은 고등학교를 졸업한 그 친구가 한강이 보이는 비싼 아파트로 이사했고, 비싼 차를 끌고, 비싼 와인을 아낌없이 내어주는 그 모습이 왠지 불편했다. 아니, 부러웠다.

참 이상하다. 우리는 애초에 아무것도 갖지 못한 채 태어났으면서 끊임없이 무언가를 갈망한다. 더 좋은 자동차, 신도시에 새로 지은 넓은 평수의 아파트, 전문직의 배우자…. 소위 성공했다 말하는 보편적인 기준을 채우지 못하면 왠지 뒤처지는 느낌이 든다. 누가 우리를 이렇게 만들었을까. 애초부터 아무것도 없었으면서 말이다.

더 나은 삶에 대한 명확한 기준도 없다. 막연한 목표와 명확하지 않은 방향성은 마치 아무도 가보지 않았던 유토피아와 비슷하다. 어떻게 살아야 할지, 왜 그런 삶을 추구하는지, 그게 과연 내가 사는 이유인지에 대해 구체적인 고민 없이 단순히 '잘 살고 싶다.'고 말한다. 무엇이 '잘' 사는 것일까.

나의 어린 시절은 가난했다. 집에는 화장실이 없었고, 밤이면 천장 너머 공간에서 들쥐들이 뛰어다녔다. 가구를 만드는 공장 한 편에 만들어진 방에서 먹고 잤다. 쾌쾌한 먼지 더미 속에서 유소년기를 보냈던 덕분에 평생을 지독한 비염에 시달리고 있다. 가난한 목수의 딸이었던 나는 따뜻한 물로 오래 목욕하는 게 소원이었고, 화장실이 있는 집에 사는 게 꿈이었다.

성인이 된 지금은 매일 뜨거운 물로 목욕을 하고 화장실에는 온갖 목욕 용품으로 가득하다. 그런데도 매일 더 나은 삶을 욕망한다. 화장실이 두 개였으면 좋겠고, 욕조가 있었으면 좋겠고, 때로는 더 넓은 집으로 이사 가는 상상을 하곤 한다. 불과 20여 년 전과 비교하면 세상 부러울 게 없는데도 말이다. 무엇 때문일까.

나의 모습을 있는 그대로 받아들이지 못해서 생기는 욕망이다. 나는 맘과 다르게 누군가에게 보이는 면면을 신경 쓰면서 산다. 칭찬받고 싶은 욕구, 잘 보이고 싶은 욕구, 부자처럼 보이고 싶은 욕구⋯. 나뿐일까?

많은 사람이 자신의 결핍을 채우기 위해 욕망 가득한 삶을 산다.

애석하게도 나는 이런 무의미한 욕망을 가진 채 살고 있는 내가 종종 안타깝게 느껴지고는 한다. 그런 나를 '못났다'며 자책하기도 한다. 스스로를 안쓰럽게 바라보는 감정을 심리학에서는 자기연민이라 정의하는데, 이러한 감정이 결국 자기비난으로 이어질 수 있다는 걸 알면서도 좀처럼 맘대로 되지 않는다.

그렇다면 우리는 왕왕 올라오는 욕망을 부인하고 모른 척해야 하는가?

아니다. 욕망 또한 스스로를 위하는 마음의 일부이다. 스스로에게 더 잘해주고 싶고, 많은 것들을 잘하고 싶은 마음에서 비롯된 것이다. 중요한 건 욕망이 차오르는 감정 자체를 수용하고 인정해 주어야 한다는 것이다.

'조금 욕망적이어도 괜찮다. 그 또한 나니까.'

자신의 못난 면을 찾아 비난하고 스스로 고쳐야 할 점을 찾기보다는 스스로를 있는 그대로 바라봐 주는 것이 필요하다. 그것이 바로 자기자비를 실천하는 태도다. 세속적인 욕망에 사로잡힌 자기가 못나 보이거나 과거의 상처가 아려 오더라도 그 순간 노력하고 있는 자신을 보자. 지금 내가 할 수 있는 일, 하고 싶은 일을 충실히 수행하고, 그것만으로도 만족할 줄 알아야 한다. 나를 가난하게 살라고 또는 부자로 살라고 말하고 가르친 사람은 아무도 없으니까.

당신을 위해 진심으로 바란다. 대단한 사람이기보다 단단한 사람이 되기를.

by. 이예지

2) 그대의 현실이 만족스럽지 못하다면

    우리는 많은 순간, 아니 매 순간에 자연스레 주변 사람들과 비교하고 자신을 평가한다. 그리고 때로는 남들의 성공과 실패에 자신을 비추며 우울감과 불안감, 상대적 박탈감을 느끼기도 한다. 하지만 인생은 각자의 고유한 여정이기 때문에 다른 사람과 비교하여 자신을 평가하는 것은 공허함만 낳을 뿐이다.

    예술적 능력이 탁월하다 평가받고 있는 유튜버가 있다. 그녀는 유튜브를 통해 자신만의 독특한 콘셉트와 신비로운 영상을 만들어 많은 사람들에게 전달하고자 했다. 그녀의 채널은 점점 인기를 끌어 눈 깜짝할 사이에 100만 구독자를 이끌게 되었다. 남부럽지 않게 성공한 삶을 살고 있는 그녀이지만 자신의 성과에 만족하지 못하고 어떻게 하면 더 큰 성공을 이룰 수 있을지에 대한 고민에 빠져있었다. 어느 날, 그녀는 인기 유튜버인 A채널을 우연히 발견하게 되었다. 200만 구독자를 돌파한 A채널과 자기의 채널을 비교하기 시작한 것이다.

"내 콘텐츠가 부족한가? 내가 잘못한 게 있을까?"

그녀는 자책의 늪에 빠져들었다. 지금까지의 노력과 열정이 헛수고로 느껴지기 시작했다. 점점 더 작아진 그녀는 좌절감에 휩싸이며 자신의 채널을 운영할 의욕이 사라지게 되었다. 그녀는 결국 유튜버의 길을 포기했다.

또 다른 사례도 있다. 드라마 〈사랑이라 말해요〉 속 여주인공이 남주인공을 위로하는 장면이다.

"심심하면 인터넷 게시판 같은 것도 좀 들어가 보고 해요. 널리고 널린 게 사연이고 그쪽은 사연 축에도 못 끼니까."

"위로하는 건가요?"

"누가 위로해요. 그냥 정보공유예요. 왜 나한테만 이런 일이 일어나나 하고 억울해 죽겠을 때, 찾아보니까 나보다 더 억울한 인생들이 많더라고요. 그럴 때 묘하게 안심이 되면서 뭐, 또다시 살 만해지고, 나는 그렇다고요. 참고하려면 하든가.”

괜찮은 위로처럼 보이는가? 또는 자신의 위로법과 비슷하다고 생각하지는 않았는가? 누군가를 보고 내 사정이 조금은 괜찮은 것 같다는 식의 어설픈 위로를 받는다면 그것 역시 다른 사람과 나를 비교하고 있다는 뜻이다. 그 순간은 위로를 받았을지 모르지만 썩 좋은 방법은 아니다. 이러한 비교의 성향은 나보다 우월하다고 생각되는 사람을 만나게 되면 더 큰 좌절감을 불러오기 때문이다. 배고프다고 독이 묻은 사과를 먹는 것과 같은 격이다.

나 역시 이러한 비교 성향이 있었다. MZ의 Z를 맡고 있는 독자들은 모를 수 있는 세이클럽, 싸이월드…. 2000년대 중후반 대한민국 인터넷 문화를 이끌었던 플랫폼인데 나는 투데이(하루 방문자 수)에 집착했었다. 로그아웃을 하면 숫자 1이 올라가는 것을 알게 되고는 로그인과 로그아웃을 반복한 적도 있었다. 그렇게 투데이 하루 100

명 이상이 되어야만 두 발을 뻗고 잘 수 있게 됐다.

돌이켜보면 그때의 나는 참 어설펐다. 영혼 없는 글을 끄적거려놓고도 흡족해했다. 미니홈피에서 흘러나오는 음악, 사진별 카테고리, 사진과 함께 필요한 감성적인 글귀 등으로 내 방을 예쁘게 꾸며놓고 방문자 수를 늘리기 위해 다양한 사람들의 미니홈피를 방문하며 댓글 남기기를 반복했다. 눈물 셀카, 손발이 오그라드는 감성적인 글…. 고백하건대 나도 써봤다.

각고의 노력 덕분에 나의 미니홈피는 꽤나 잘나가는 축에 속했다. 사람들의 부러운 시선을 즐겼고 인기를 유지하기 위해 눈만 뜨면 컴퓨터 앞에 앉아 사진 속 나를 치장했다. 현실은 꾀죄죄한데도 말이다. 아마도 "아~ 예쁘다!", "어디 여행 다녀왔나 보네^^", "둘이 너무 잘 어울린다." 와 같은 댓글을 바라는 마음이었을 것이다.

시드니공과대학 라일라 보룬[Layla Boroon]은 2003년에서 2018년 사이 발표한 소셜미디어와 관련된 논문 50개 이상을 검토하였다. 이 연구는 인스타그램, 틱톡 등과 같은 소셜미디어 사용은 극심한 공포, 짜증, 우울감 등의 폐해

가 46가지나 된다는 분석결과로 눈길을 끌었다.[1]

지금 싸이월드는 사라졌다. 대신 그 자리를 인스타그램과 유튜브, 틱톡 등이 차지했다. 더 많은 '비교 감옥'이 생겨난 셈이다. 사람들은 팔로워와 좋아요에 집착하면서 자꾸만 새로 고침을 누른다. 그뿐인가. 이리저리 가상 세계의 저택들을 방문하며 성공한 사람들이 사는 대저택을 보며 부러워하기도 한다. 하지만 그 끝은 그저 '유명인들은 나와 다른 차원의 세상에 사는구나.'라는 상대적 박탈감이다.

미국의 주디스 화이트^{Judith White} 연구팀은 사회적 비교를 하는 정도에 따라 파괴적 정서나 행동이 어떻게 관련 있는지에 대해 연구했다.[2] 놀랍게도 사회적 비교 빈도가 높은 사람은 그렇지 않은 사람에 비해 시기, 질투, 죄책감, 후회와 같은 감정을 더 많이 경험한 것으로 나타났다. 이러한 감정으로 인해 사회적 비교는 거짓말, 다른 사람을 깎아내리기, 비난과 같은 실질적인 부적응적 행동으로 이어지기도 한다.

다시 말해 싸이월드 속에서 비춰지는 다른 사람들과의

비교가 가져다준 감정은 시기심이나 질투심이었다. 그리고 이런 부정적인 감정은 결국 알게 모르게 나의 태도에 스며들어 다른 사람들에게 좋지 못한 행동으로 나타나게 된다는 것이다.

이런 사회적 비교에 있어 자기자비의 역할을 보여주는 연구가 있다. 2022년도에 국내 한 연구진들은 우리나라 대학생을 대상으로 사회적 비교 성향과 주관적 안녕감의 관계에서 자기자비가 미치는 영향을 연구했다. 그 결과는 자기자비가 높을수록 주관적 안녕감이 더 높아지고 사회적 비교성향이 줄어드는 것으로 나타났다.[3] 즉, 자기자비는 남과 비교함으로써 발생하는 부정적 영향을 완화시켜 줄 수 있다.

우리는 자신을 비교하고 평가하는 것보다는 자신의 독특한 가치와 잠재력을 인정하고 발전시키는 것에 집중해야 한다. 타인의 성공에 집착하거나 타인과의 경쟁에 휩싸이는 대신, 자신의 열정과 노력을 통해 내면의 만족에 초점을 맞추어 성장해 가야 한다. 자신의 삶을 즐기고 타인과의 비교에서 벗어나 자유로워지는 순간, 진정한 만족과 행복을 느낄 수 있을 것이다. 내가 지금 타인의 시선에서 오롯이 자유로울 수 있는 이유는 싸이월드라는 비교 감옥에서 벗어났기 때문이다. 지금은 남들은 다 한다는 인스타그램과도 거리가 멀다.

남과 비교하지 말자.

걔는 걔고, 나는 나다. 걔한테 없는 게 나한테 있을 수 있다는 걸 인지하고 자신에게 친절을 베풀어야 한다. 부디 비교 감옥에 빠진 자신의 손을 잡아주길 바란다.

by. 손소망

3) 완벽하지 않아서 완벽하다

학벌, 학점, 어학 능력, 자격증, 대외활동, 인턴 경험, 수상 경험, 외모….

취업 컨설턴트로 일할 때였다. 수백 명의 취업 준비생을 만났고 그들의 이야기를 들었다. 운 좋게 원하는 기업에 취직한 사람도 있었지만 그렇지 못해 좌절하는 사람이 더 많았다. 온탕과 냉탕을 오가는 그들을 지켜보면서 발견한 공통점은 대부분 완벽해야 한다는 강박 속에 자신이 부족하다고 느끼고 있다는 것이었다.

일명 '9대 스펙'이라 말하는 기준을 바탕으로 취업을 준비하기 때문에 벌어지는 현상이었다. 나는 공장에서 찍어낸 듯 비슷한 스펙을 가진 인재들이 무수한 취업 경쟁 속에서 살아남기 위해 더 완벽해지려고 발버둥치는 모습을 진척에서 지켜봐야만 했다. 안타까웠던 건 자신과 맞지 않는 직무임에도 단지 대기업이라는 이유로 선호하는 것이었다. 자신의 기준이 아니라 사회가 정한 잣대에 맞춰 미래를 결정하고, 남들 보기에 완벽해 보이기 위한 직장을 선택하는 그들의 모습은 지금 생각해도 마음이 아프다.

대기업에 입사하고 싶어서 취업 상담을 받으러 온 친구가 있었다. 이미 완벽한 9대 스펙을 만들어둔 그는 인적성 검사를 중점으로 취업 로드맵을 손쉽게 완성했다. 3대 기업만을 고집했던 그에게 취업의 문턱은 생각보다 높았고 원하는 바를 이루지 못한 채 상반기 채용 시즌이 끝났다. 누가 봐도 완벽한 스펙을 가지고 있었던 그는 그 후로도 오랫동안 취업하지 못했다. 그 후 고민 끝에 공기업으로 진로를 변경했지만 취업문은 쉽사리 열리지 않았다. 더 완벽해야 한다는 강박은 시간만 늦출 뿐이었다.

혹시 당신도 완벽주의자인가?

『네 명의 완벽주의자』에 소개된 한국인 511명을 대상으로 실시한 심리 설문조사에 따르면 응답자 중 절반 이상인 53.6%가 완벽주의 성향을 지닌 것으로 나타났다.[1] 우리 주변의 두 명 중 한 명은 그 크기가 크던 작던 어느 정도는 완벽주의 성향을 가지고 있다는 말이다.

신부이자 실천신학 송동림 교수는 완벽주의의 후유증을 인지적, 정서적, 행동적 측면으로 나누어 제시했다.[2]

인지적 측면

목표와 결과의 차이로 인한 스트레스 증가, 자기 존중감 하락, 강박적 사고와 충동적 행동으로 인한 감정 기복, 새로운 과제 피하기, 통제와 지배에 대한 욕구로 인한 주관적, 독단적 행동

정서적 측면

우울, 좌절감, 혐오감, 죄의식, 수치감, 무가치감, 메마른 정서, 혼란스러운 정서 등의 강한 감정 경험, 과제 수행에 대한 불안과 부담, 열정 상실, 냉소적 태도, 절망감, 실망감, 패배감, 우유부단함, 의욕상실 등의 탈진 양상, 자기 비난, 부정적인 자기 평가, 목표와 자기 가치의 동일시, 부정적인 정서로 인한 높은 목표 설정과 우울의 강도 증가

플로리다대학 미슬러[Mistler]의 연구에서 완벽주의 성향을 가진 사람을 대상으로 실시한 조사 결과에 따르면 응답자의 82%가 완벽주의 성향이 "좋은 점보다 나쁜 점이 더 많을 수 있을 것"이라고 인정했음에도 불구하고, 70%는 "완벽주의적 성향을 없애지 않겠다"라고 응답했다. 이것은 완벽주의 성향을 가진 사람들은 완벽주의를 계속 유지하고 싶어함을 시사한다. 미슬러[Mistler]는 완벽주의자에게 자기자비를 경험하게 하는 것이 완벽주의 굴레에서 자유로워질 수 있음을 돕는다는 사실을 발견했다.[3] 자기자비는 실수를 지나치게 걱정하고, 실패를 자신의 능력 부족으로 인지하여 자기비난을 일삼는 완벽주의의 부정적 결과를 효과적으로 완화해 주는 역할을 하는 것이다.

내가 상담했던 사람 중 몇 명은 자신이 정한 더 높은 기준에 자신을 밀어 넣고 끊임없이 비교하고 평가했다. 우수한 성과와 탁월한 퍼포먼스를 추구하고자 완벽을 목표로 삼기 때문이었다. 취업 준비는 단순히 스펙을 쌓는 것 이상의 의미를 갖는다. 최소한의 스펙을 완성했다면 완벽하지 않은 나를 받아들이고 수용하는 태도인 자기자비가 필요하다.

우리의 자기자비가 낮다면 어떻게 해야 할까?

다행인 건 자기자비는 훈련을 통해 증진시킬 수 있다는 것이다. 정자세를 취하고 숨을 깊게 들이마셔보자. 호흡에 집중하며 몇 분간 불합격을 맞이했던 순간을 회상해 보자. 잠시 생각을 멈추고 객관적인 상태에서 그 당시를 주목하자.

쓰디쓰기만 한 불합격인가?

조금만 더 하면 될 것 같은 '희망과 응원' 혹은 '다음엔 더 잘할 수 있는 용기'로 상황을 받아들이고 긍정적인 시선으로 바라볼 수 있는 힘이 생겨나지 않았는가?

자기친절은 스스로에게 따뜻하게 대하는 태도를 말한다. 명상은 이러한 자기친절을 베풀 수 있게 중요한 역할을 한다. 명상을 통해 우리는 순간의 감정과 생각을 관찰하며 자신에 대한 비판적인 목소리를 줄이고 자비로운 태도를 증진시킬 수 있다. 이 과정에서 우리는 정신적 건강을 개선하고 스트레스를 감소시키며 전반적인 삶의 만족도를 높이게 된다.

나의 첫 직장은 호텔이었다. 실습으로 나간 대기업 호텔에 떡하니 취업이 된 케이스였다. 극강의 업무 강도가 건강을 악화시켰지만 대기업에 다니는 내 모습이 좋았다. 그렇게 어깨에 뽕이 들어간 채로 호텔에 근무한 지 1년이 지났다. 그러던 어느 날 엄마가 말했다. "너무 힘들면 퇴사해도 돼." 거울을 보았다. 누적된 피로에 7kg이나 부푼 몸뚱이와 풀린 동공을 가진 내가 서 있었다. 그때서야 생각하게 되었다. 나의 직업관은 무엇인지? 내 삶의 가치관은 무엇인지? 잘난 대기업을 포기하기로 했다. 그리고 인생의 여러 선택을 통해 지금의 나를 만들었다. 나는 아직도 그때의 나를 칭찬해 주고 싶다. 그동안의 피로를 완전히 풀 수 있도록 편히 쉬게 해준 나에게, 조급한 마음을 가지지 않고 진로에 대해 고민할 시간을 준 나에게.

그 힘든 시절 나에게 친절을 베풀어준 덕분에 지금의 내가 있다.

자기자비는 원하는 무언가를 포기하라는 말이 아니다. 자기자비가 그저 물 흐르듯이 살라고 말하는 것 같았다면 그것은 오해다. 자기자비는 목표를 이루는 과정에서 경험할 수 있는 실패를 있는 그대로 수용할 수 있는 태도에 가깝다. 이런 태도는 실수나 실패를 다시 반복하지 않으려는 자기향상동기Self-improvement motivation를 향상시켜, 같은 실수의 반복을 줄이는 데 도움을 줄 수 있다.[4] 있는 그대로 나를 받아들이는 것. 그것이 오히려 우리를 실패나 실수로부터 발전하도록 도와줄 수 있다.

완벽하지 않아도 된다. 완벽하지 않은 우리는 그 자체
로 이미 완벽하다.

by. 손소망

4) 당신의 삶의 질은 어떤가요

하마첵^{Hamachek}은 완벽주의는 비현실적으로 높은 기준을 가지면서 수행에서 만족감을 느끼지 못하고 다른 사람들의 부정적인 판단을 받는 것에 대해 두려워하는 것이라고 말한다.

캐나다 심리학과 교수 고든 L. 플렛^{Gordon L. Flett}과 폴 휴이트^{Paul Hewitt}는 1991년 논문 '자아와 사회적 매력에서의 완벽주의'를 통해 3가지 유형의 완벽주의를 제시했다.[1]

첫 번째는 자기 지향 완벽주의이다. 자신에 대한 엄격한 기준을 세우고, 지속적으로 자신을 비난하고 평가하는 태도를 지닌다. 반대로 타인 지향 완벽주의는 타인에게 완벽해지길 강요함으로써 주변 사람들에게 엄격한 기준으로 비난하고 평가한다. 마지막으로 사회부과 완벽주의는 타인이 자신에게 큰 기대가 있다고 믿는 유형으로, 타인의 평가를 두려워하고, 인정욕구가 강한 편이다. 사회적인 관계 속에서 '완벽한 상태'를 유지하기 위해서 부정적인 감정을 감춘 채 살아가는 특징이 있다. 이렇게 쌓인 감정은 사회적으로 평가의 여지가 없는 관계 혹은 익명성이 보장되는 곳에서 표출되고는 한다. 사회부과 완벽주의 성향이 높은 사람들은 사회적인 관계 속에서의 갈등을 직접적으로 해소하지 못하기 때문에 다른 화풀이 대상에게 감정을 표출한다. 방어기제 '전치'를 사용함으로써 자신의 불편한 감정을 다른 사람이나 상황에 돌리는 것이다.

왜 완벽주의자가 될까?

크게 두 가지로 설명하면 탁월한 재능으로 선천적으로 완벽주의 성향을 갖춘 유형과 자라온 환경에 의해 만들어진 유형으로 정리할 수 있다. 어린 시절 환경에 뿌리를 둔 완벽주의는 완벽주의 성향을 가진 부모가 있는 경우이다. 이들은 자녀가 완벽함을 보여주지 않았을 때 이를 허용하지 않는다. 이러한 부모들은 자녀가 다양한 영역에서 완벽하기를 장려하며 압박하게 되고 자녀 역시 완벽주의 성향으로 자라난다.

두 번째는 어린 시절 부모와의 애착 문제가 있는 경우이다. 부모와의 건강한 애착 관계를 형성하지 못한 사람들은 성인이 되어서도 자신을 위로하고 안정을 주는 정신적 기능을 발휘하는데 어려움을 겪는다. 이들은 자신이 이룬 성과가 완벽하지 않다고 느낄 때 그것을 수용하는 데 큰 어려움을 겪는다.

사회적 평가의 여지가 없는 관계에서만 쌓인 감정을 표출하는 사회 부과 완벽주의에 가까운 내 이야기를 털어놓으려고 한다.

나의 마음의 유일한 표출구는 내 남편이다. 우리는 우리가 생각해도 잉꼬부부다. 우리 가족들조차 이렇게 말한다. "엔간히 해라!" ('적당히 해라'라는 뜻의 경상도 사투리) 그러던 어느 날 신랑과 데이트를 즐겼는데 날 앞에 두고 핸드폰만 보고 있는 것 아닌가? 머리끝까지 화가 났다. 화가 난 나머지 눈물도 두어 방울 흘렸다. 핸드폰을 본 이유 따위 궁금하지 않았다. 그저 나한테는 용납할 수 없는 행동이었다.

며칠 뒤 친한 동생과의 식사 자리에서 그날의 분노 사건을 이야기했다. 그러자 의외의 답변이 돌아왔다.

"나는 오빠가 언니를 얼마나 사랑하는지 보이는데 언니는 몰라? 내가 만약 그런 상황이었다면 평소에 이 사람이 날 어떻게 생각하는지 알기 때문에 그렇게 화내지 않았을 거야."

뼈를 때리는 그녀의 말에 마음에서 코피가 났다. 너무나도 맞는 말이다. 만약 사회적인 관계에서 맺은 사람이 휴대폰을 봤더라면 '어떠한 이유가 있겠거니.' 생각하며 기다렸을 것이다. (집에 와서 남편에게 하소연했겠지.)

자기지향 완벽주의자는 어떨까.

어릴 적부터 공부를 잘해온 지인이 있다. 어떻게 하면

그렇게 공부를 잘할 수 있냐는 질문에 "그냥 잠자는 시간 빼고는 계속 공부 했어." 라고 무심히 말하는 그는 대학을 졸업하자마자 강남에서 꽤 잘나가는 학원 원장이 되었다. 당연한 결과였다. 학창 시절을 거의 무수면 상태로 살아온 그의 인생에 '실패'는 없었다. 모두 자신의 노력으로 만들어낸 결과물이었고 그래서 존경스럽기까지 했다.

철옹성 같던 그의 인생을 무너뜨린 건 눈에 보이지도 않는 바이러스였다. 코로나19가 드리우면서 학원 문을 닫게 됐다. 인생의 첫 실패였다. 그는 패배감에 휩싸여 분노했다. 대응하지 못한 자신의 행동을 비판하고, 자만한 자신을 원망했다. 그리고 자주 읊조렸다.

"내가 이렇게 될 사람이 아닌데…!"

그는 성공했었지만 성공한 사람들의 마음가짐을 배우지 못했고 여전히 실패의 두려움을 이기지 못한 채 살아가고 있다.

네프Neff의 연구에 따르면 완벽주의자에게 자신을 인정하고, 고통을 인간의 일부로 받아들이게 했더니, 자기를 이해하게 되는 결과가 만들어졌다.[2] 다시 말해 자기자비는 완벽주의자에게도 효과적이다.

제아무리 위대한 업적을 이룬 성공한 사람도 실패할 가능성은 늘 도사리고 있다. 그 실패에서 다시 일어나 앞으로 나아가게 만들어줄 수 있는 것이 우리 내면의 마음가짐이다. 따라서 당신이 진정으로 성공을 원할수록 평소의 마음가짐을 정돈하고 자기자비를 훈련하는 것이 필요하다.

자기자비는 고통스러운 감정을 피하고 저항하기보다 인간의 경험 중 일부로 받아들이도록 한다. 평정심을 유지할 수 있도록 돕는 강력한 무기인 셈이다.

젊은 시기에 실패의 고배를 마셨다 하더라도, 또는 아무것도 이루지 못한 것처럼 느껴지더라도, 혹은 언제나처럼 늘 힘든 시기를 보내고 있는 것 같더라도, 당신은 실패한 게 아니다. 성공의 기준은 당신 마음속에 있다. 당신이 실패라고 생각하는 그것은 당신이 원하는 미래를 향한 또 하나의 과정일 뿐이다. 쓰라린 그 과정에서 포기하지 않는 것. 그리고 자신이 원하는 성공을 향해 또 한 발자국 나아가는 것. 그것이야말로 당신이 진정으로 바라는 성공이 아닐까. 그렇게 당신은 당신이 꿈꾸던 미래 앞에 한 발자국 다가가 있을 것이다.

by. 손소망

5) 사소하지만 사소하지 않은

　당신은 어떤 목표가 있는가? 목표가 있는 사람과 그렇지 않은 사람의 10년 후는 완전히 다르다. 하버드대학교 졸업생을 10년간 추적 관찰해온 결과가 말해주고 있다. 졸업 전 목표가 있었던 학생은 그렇지 않은 학생에 비해 약 10배 이상의 수입을 거두고 있으니 말이다.[1]

　크기는 중요하지 않다. 사소한 목표라도 좋다. 목표를 설정하고 이를 달성하기 위해 노력하는 과정이 숭고한 것이다. 그 중에서도 숙달목표와 성취목표는 우리의 동기와 행동을 이끌어주는 중요한 역할을 한다.

　숙달목표는 지식과 기술을 개발하고 향상시키는데 초점을 맞춘 목표다. 숙달목표를 추구하는 사람들은 지식을 습득하고 능력을 향상시키는 과정에서 얻는 성취감과 자기 만족감의 중요성을 강조한다. 이들은 실수와 실패를 배움의 기회로 삼고, 지속적인 학습과 발전을 통해 자신의 역량을 향상시키려고 노력한다. 반면에, 성취목표는 결과와 성과에 초점을 맞춘 목표이다. 성취목표를 추구하는 사람들은 목표를 달성하고 다른 사람들에게 인정받는 것에 대한 욕구와 경쟁을 강조한다. 이들은 성과를 달성하기 위해 효율적인 전략을 사용하고, 비교와 경쟁을 통해 자신의 위치를 확인하려고 한다.

성취목표를 가진 학생들이 숙달목표를 가진 학생들보다 성적이 더 우수하다는 연구 결과가 있다. 성취목표를 가진 학생들은 주로 시험 성적 등의 목표 달성을 위해 노력하고 성과를 얻는 것에 만족하는 반면, 숙달목표를 가진 학생들은 성과보다는 학습 과정과 개인적인 성장에 더 가치를 두기 때문이다.

하지만 숙달목표가 높은 학생들은 자신의 감정, 사고, 행동을 조절하는 활동이나 깊이 있는 인지 전략을 더 많이 사용함으로써 더 높은 학업성취로 이어진다는 점이 여러 연구를 통해 일관되게 보고되고 있다.[2]

나는 평소 성취목표를 가진 사람이지만, 나에게도 과정의 즐거움을 느끼는 순간이 있다. 바로 필라테스를 하는 순간이다. 직장 생활을 할 당시 나는 매일같이 새벽 5시에 일어나 필라테스를 가곤 했다. 과음을 한 다음 날에도 숙취를 달고 운동을 갔고, 중요한 일정이 있는 날 조금이라도 운동을 하고자 센터를 찾았다. 하루라도 운동을 하지 않으면 살이 찔까 두려운 마음은 전혀 없었다. 더 잘하고 싶다는 욕심 따위도 없었다. 그저 땀 흘리는 그 순간이 좋았고 상쾌한 하루의 시작을 맞이한 큰 기쁨만 있었을 뿐이었다.

숙달목표와 자기자비는 긍정적인 학습과 성장을 도모하는 데에 상호보완적인 요소로 작용한다. 실제로 자기자비가 높은 사람은 숙달목표를 지향하는 경향이 있다는 연구 결과가 있다. 숙달목표를 가진 사람들은 자기자비를 통해 실패와 어려움에 대해 부정적인 감정에 사로잡히지 않고, 지속적인 학습과 발전을 위해 긍정적인 에너지를 유지할 수 있다. 또한 자기에 대한 이해와 자비로운 태도를 바탕으로 자기의 성장과 개선에 대한 동기를 유

지할 수 있다.[3]

　내가 아는 지인 중 돈을 좋아하는 두 여성이 있다.

　여성 A는 부자가 되는 것이 꿈이다. 프리랜서의 그녀는 동서고금을 막론하고 돈이 되는 일이라면 어떤 것이라도 하겠다고 한다. 매일, 매주, 매달 세워둔 목표수익을 달성했음에도 불구하고 여전히 일에 매달린다. 심지어 밥을 먹으면서도 일 처리를 하고, 장시간 근무로 인해 대인관계에 문제가 생기지만 개의치 않는다. 재테크 공부도 게을리하지 않는다. 배우자 역시 당연지사 경제적 능력만 보고 결혼에 골인했다. 그러다 보니 배우자는 돈벌어다 주는 기계처럼 여긴다. 돈만 좇는 그녀의 삶엔 자기 생활이 없다. 취미생활조차 돈을 벌 수 있는 일로 만들려고 노력한다. 그녀의 일상은 오로지 돈이라는 목표에만 설정되어 있다. 실제 그녀는 돈이 많다. 하지만 난 그녀가 부럽지 않다.

　여성 B도 부자가 되는 것이 꿈이다. 차곡차곡 적금만 하던 그녀가 코로나19 시대 일어난 주식투자의 붐으로 경제에 대해 공부하기 시작했다. 경제를 공부하기 위해 카페에 가입한 그녀는 경제 용어를 배우고 매일 아침 신문을 읽기 시작했다. 경제 용어가 익숙해지자 경제 관련 도서를 읽으려고 출근 2시간 전에 일어나 하루 30분의 독서를 한다. 또한 가계부를 작성하고 매일 마시는 커피잔을 체크한다. 그녀는 자랑스럽게 말한다.

"작년보다 100만 원이나 더 모았어."

나는 그녀가 더 정서적으로 만족스러운 삶을 살고 있다고 생각한다. 경제 공부로 만들어진 자신의 생활 패턴과 마인드에 만족해하는 그녀. 앞으로의 성장이 기대되지 않는가?

두 여성의 이야기를 통해 무엇을 목표로 삼느냐에 따라 삶의 방향이 달라진다는 것을 확인할 수 있다. 그렇다면 당신은 한정적인 삶에 무엇을 채워 넣고 살 것인가. 부디 숫자가 인생의 목표가 되지는 않기를 바란다.

by. 손소망

6) 내 생애 최고의 절친

삶은 끊임없는 수행의 연속이다. 하나의 미션을 성공하면 또 다른 미션이 주어지고 수없이 많은 미션을 성공해야만 비로소 진정으로 원하는 삶을 살 수 있게 된다. 마치 온라인 게임 속 도장깨기 같다.

그중 가장 괴로운 미션은 관계다. 가족, 친구, 배우자, 직장 동료, 비즈니스 파트너 등 다양한 형태의 관계가 우리 삶을 구성하고 있는데 인간관계는 우리 삶에서 가장 중요하면서도 가장 복잡한 부분 중 하나다. 이러한 관계들은 때로는 우리에게 큰 기쁨과 만족을 주지만 동시에 스트레스와 고통의 원인이 되기도 한다. 관계를 잘 관리하고 유지하는 것은 쉽지 않은 고급 스킬이 필요한 대형 미션이다.

인간^{人間}이라는 한자를 풀이해 보면 '언어를 가지고 사고할 줄 알며 사회를 이루며 사는 지구상의 고등동물. 사람'이라는 뜻을 가지고 있다. 인간이라는 단어 자체가 관계를 맺고 사는 사회적 동물이라는 의미다. 여기서 타인과 관계 맺음이란 상대와 자신의 사회적, 심리적 접점을 맺고 더 나아가 서로의 인생에 관여하며 소통을 한다는 이야기이기도 하다.

대부분의 행복과 성공은 원만한 인간관계에서 나온다. 대인관계가 좋으면 즐겁고, 인간관계 속에서 행복감을 느끼기도 한다. 평생 친구가 한 명만 있어도 성공한 인생이라 하지 않나. 그만큼 인간관계는 인생에서 큰 부분을 차지한다. 사회적 동물이라서 관계와 소속에 대한 욕구가 있기 때문이다. 그래서 집단에서 배척되는 경험은 생존 가능성의 감소를 의미한다. 궁극적으로 인간은 집단에 소속되기를 원하고 원만한 대인관계를 맺고 싶어한다.

그렇다면 우리는 평생 몇 명의 사람과 사회적, 심리적 관계를 맺고 살아갈까? 한 사람이 태어나서 죽을 때까지 평균적으로 3,000명에서 많게는 5,000명의 사람을 만난다고 한다. 다시 말해 우리는 아무리 적어도 3,000번은 인사를 나누고, 3,000명과는 짧은 대화를 한다는 말이다.

나는 지난 13년간 기자 생활을 하면서 수많은 사람을 만나왔다. 인간이 태어나 평생 만난다는 사람의 수보다 많이 만났다. 대통령부터 노숙자까지. 직위고하, 남녀노소를 불문한 다양한 사람들을 만나고 인연을 맺어왔다. 10여 년 동안 인간의 군상을 집약적으로 마주했달까? 그중에는 정말 상식 밖의 사람도 있었다. 아니, 많았다. 그래서 아주 짧게 끝나버린 안타까운 인연도 있었다.

누군가는 지금 이 순간에도 나와 비슷한 고민을 하고 있을 것이다. 약속을 지키지 않는 사람, 있지도 않은 일을 있었던 것처럼 꾸며 뒷말을 하는 사람과의 관계를 어떻게 정리하면 좋을까? 또는 지긋지긋한 이 상하관계에서 벗어날 수 있는 방법은 없을까? 누군가 나서서 정리 좀 해주면 참 좋으련만 그 마저도 쉽지 않다. 이래서 삶은 늘 고행이다.

이렇듯 어렵고 복잡한 관계를 풀어내는 인간관계는 우리 삶의 질을 결정짓는 중요한 요소다. 복잡하고 어려울 수 있지만 관계를 잘 관리하고 유지하는 것은 우리의 행복과 성공에 큰 영향을 미칠 것이다. 서로를 이해하고 소통하는 능력을 키우며 긍정적인 관계를 구축해 나가는 것이 중요하다.

그중 가장 핵심은 개인을 돌아보는 자신에 대한 깊은 탐구에 있다. 원만한 인간관계, 즉 이해와 공감이 꽃피울 수 있도록 돕는 것은 결국 '나'다. 그러니까 잔뜩 꼬여버린 관계의 실타래를 풀려면 먼저 우리 자신 안에 있는 매듭부터 다스려야 한다. 그것은 우리 자신의 두려움, 욕망, 불안감에 대해 생각하는 감정의 순례이다. 우리 내면의 풍경을 인정하고 포용하면 다른 사람들의 마음과 연결될 수 있다. 쉬운 말로 자신과 가장 친하게 지내야 한다는 말이다.

나 역시 나와 친하게 지내기 시작하면서 관계의 늪에서 빠져나올 수 있었다. 진정으로 나를 위하고 남의 말보다 내 안의 진심에 관심을 기울이게 된 건 자기자비를 만난 후부터다.

학창 시절부터 성인이 되기까지 나는 줄곧 리더를 도

맡아왔다. 친한 친구들 사이에서도 직장에서도 그 외의 모든 활동에서도 늘 '나를 따르라.' 형이었다. 앞장서서 이끌어가는 게 좋았고, 그게 옳다고 생각했다. 그런데 그러면 그럴수록 외롭고 괴로웠다. 내가 가고자 하는 이 방향이 맞는 건지, 강하게 해야 하는 게 맞는 건지, 종종 헷갈렸다. 당연히 삐거덕거릴 수밖에 없었다.

자책의 끝은 책이었다. 리더십에 관한 책에는 해결책이 있을 것만 같아서 들여다보고 또 들여다봤다. 관계가 틀어지는 것이 내 잘못처럼 느껴졌다. 감투를 쓰는 순간 폭군이 된다는 사실을 알게 된 후에는 더 괴로웠다. 그간의 모든 리더 질이 갑질이었다고 생각하니 사무치게 슬펐다. 인생을 잘못 살았다는 생각은 나를 우울감으로 물들였다.

자기자비를 만난 후에도 내가 리더형 기질이 아니라 팔로우형 기질이라는 걸 알고 받아들일 때까지 오랜 시간이 걸렸다. 내가 어렵고 힘들었던 건 리더로서의 자질이 부족해서가 아니라 그저 그 자리가 나랑 안 맞았던 것뿐이었는데, 왜 나는 그렇게 부정적인 사고에 휩싸여 있었을까. 꼭 리더가 아니어도 괜찮다는 자기수용을 한 후에

마음의 품격, 자기자비 심리학

서야 나를 위한 자기친절이 시작된 것이다. 나의 있는 그대로를 인정하고 수용하니 마음이 편해졌다. 마음이 나아지니 건강도 회복됐고, 건강해지니 사람들과의 관계도 제자리로 돌아왔다. 역시, 모든 건 마음 먹기에 달렸다.

자기자비는 결코 쉽지 않다. 스스로를 아끼고 사랑하는 건 사실 그렇게 단순하지 않다. 누군가에게는 뼈를 깎고 살을 도려내는 고통과도 같을 수 있다. 그러나 분명한 건 이러한 어려움이 결과적으로 우리의 성장을 돕는다는 것이다.

나아가서는 사람들과의 관계에도 긍정적인 영향을 미친다. 자기자비를 실천하면서 내면의 평화와 안정을 찾을 수 있다면 그 안에서 우리는 더욱 이해와 공감이 깊어지는 인간관계를 형성할 수 있을 것이다. 자아를 발견하고 자신을 인정하며 성장할 수 있는 기반은 스스로 만드는 것이다. 우리는 어떤 상황에서도 자기자비를 잃지 않고 스스로에게 친절해야 한다.

by. 이예지

7) 빛나는 우리

나도 한때는 그이의 손을 잡고

내가 온 세상 주인공이 된 듯

꽃송이의 꽃잎 하나하나까지

모두 날 위해 피어났지

…

하루 단 하루만 기회가 온다면

죽을힘을 다해 빛나리

아이유의 〈드라마〉 중에서

동부간선도로를 따라 월계동을 향하고 있을 때 라디오에서 흘러나오는 이 노래를 처음 들었다. 왜 그랬는지 잘 모르겠지만 시야가 흐려질 정도로 울었다. 아마도 나의 마음을 알아주는 것만 같은 가사가 울렸을 것이다. 그렇다. 두 아이의 엄마가 되어 나를 잊은 채 산 지 오래지만 사실 나도 한때는 우주에서 보아도 빛을 내는 세상의 주인공이었지 않나. 그 후로 난 매일 이 노래를 반복해서 들었다.

인간은 태어날 때 자신의 고유한 색을 가지고 태어난다. 종종 성공, 성취, 능력 등 외부적인 기준에 의해 사람의 가치를 판단하곤 하지만 진정한 가치는 그 어떤 성취나 능력이 아닌 단순히 '존재'하는 것 자체에서 비롯되는 법이다. 이러한 관점에서 볼 때, 모든 인간은 존재 자체로서 무한한 가치를 지니고 있다. 누구는 빨간색, 누구는 노란색, 누구는 초록색…. 그리고 그 색깔이 잘 드러날 수 있도록 빛을 낸다. 모든 순간에 반짝반짝 빛날 수 있도록 설계되어 있다는 말이다. 자기가 빛나고 있다는 사실을 모른 채 또는 자신의 빛을 가린 채 살고 있을 뿐이다.

그러니까, 아이유의 〈드라마〉 속 가사처럼 '죽을힘을 다해 빛날 수 있다'는 말이다. 자신의 있는 그대로를 수용하고, 그러한 마음을 바탕으로 선한 영향력을 행사할 때 비로소 아주 환해질 수 있다. 자기자비가 도울 것이다.

특별한 무언가를 하지 않아도, 누군가의 기대에 부응하지 않아도, 세상에 존재한다는 자체만으로도 충분한 가치가 있다는 사실을 기억하자. 우리가 타인에게 어떤 영향을 미치는지, 어떻게 인식되는지가 중요하지 않다. 단순히 우리가 '있다'는 사실 자체에 집중하는 게 좋다. 이러한 인식을 바탕으로 자신과 타인을 바라보며 더욱 긍정적이고 포용적인 태도를 가질 수 있기를 진심으로 바란다.

아이유의 이야기로 시작했으니 조금만 더 이야기해 보겠다. 사람들은 그녀를 외유내강이라고 말하곤 한다. 그러한 내적 힘은 어디에서 오는 것일까. 아이유는 자신의 장점과 단점을 분명히 아는 사람이다. 높은 가성을 낼 수 없다는 한계를 인정하고 받아들인 후 모든 노래를 진성으로 내질렀다. 스스로 의지가 약하다는 걸 알기 때문에 자신을 채찍질해 줄 선생님을 늘 곁에 두었다. 약점을 치명적으로 여기거나 비난하지 않고, 긍정적인 방향으로의 변화를 모색했다. 삶의 곳곳에 도사려 있던 슬럼프를 극복할 수 있었던 그녀의 지혜로움은 스스로를 잘 아는 것으로부터 시작된 것이다. 여기서 그녀는 스스로를 잘 알고 수용함으로써 자신이 필요한 부분을 인정하고 발전하기 위해 노력했다. 아이유가 걸어온 발자취에는 스스로를 있는 그대로 받아들일 줄 아는 자기자비적 태도가 묻어있다.

이런 그녀의 자기자비적 삶의 태도는 불과 3여 분의 노래 〈홀씨〉에서도 느낄 수 있다. 아이유는 〈홀씨〉를 통해 '앞길이 만만치 않아도, 엄살은 뒤로, 내 선택이야 늘 그랬듯이'라고 노래하고 있다. 고통으로 가득한 세상이지만 있는 그대로를 받아들이고 자신의 선택을 인정해주어야 한다는 메시지가 담겨있는 따뜻한 곡이다.

그녀가 쏟아지는 악플에서도 꿋꿋하고 보란 듯이 살 수 있는 건 오랜 연예 활동을 통해 단단해진 내공 덕분일 것이다. 아이유는 직접 작사한 이 노래를 통해 자기가 어떻게 성장했는지 스스로에게 어떻게 자기자비적 태도를 실천하고 있는지를 보여준다.

실제로 아이유는 21년 3월 방송된 tvN 〈유 퀴즈 온 더 블록〉에 출연해 이렇게 말했다.

"나이대마다 제가 달라지더라. 열여덟, 스물셋, 작년만 해도 지금과 다르다. 제가 오래 활동할 계획이라서 (그 시기에 노래를) 남겨 놓고 나중에 들으면 재미있을 것 같다고 생각했다. 〈팔레트〉하면 지은이가 스물다섯이었지, 이렇게 팬들에게 기억되면 좋을 것 같았다."

놀라운 건 20대 초반의 아이유는 자기혐오가 있었다는 것이다. 20대 초반에는 자신이 이루는 성과와는 상관없이 스스로가 사랑스럽지 않게 느껴졌다고 고백한 것이다. 그런데 25살이 딱 기점이었다. 〈팔레트〉의 '이제 조금 알 것 같아. 날'이라는 가사는 그녀가 스스로와 친하게 지낼 수 있는 마음을 갖게 되면서 탄생했다.

"나에게 실망할 것도 없고, 놀라거나 새로울 것도 없이 받아들이게 됐다. 그때부터 스스로와 친하게 지낼 수 있는 마음을 갖게 됐다."

이렇듯 그녀는 누구보다 자신을 아끼고 사랑할 줄 아는 사람이다. 무엇이 그녀를 자신에게 자비로울 수 있게 만들었을까. 지금의 생기발랄함은 아마도 홀로 싸워온 지난 시간이 켜켜이 쌓여 만들어졌을 것이다. 2024년,

올해 서른두 살이 된 아이유는 자기를 인정하고 받아들인 후 비로소 자유로워질 수 있었다.

'혹시 나의 안부를 묻는 누군가 있거든 전해줘. 걔는 홀씨가 됐다고.'

아이유의 〈홀씨〉 중에서

by. 이예지

나에 대한 비난 멈추기

1. 자신의 실수나 부족함을 느꼈던 순간을 떠올려봅시다. 당신은 스스로에게 어떻게 대합니까?

'더 나은 사람이 되기 위해서 나는 … 해야 한다.'거나 '나는 이런 게 문제야', '나는 이런 점을 고쳐야 해.'와 같은 자기 비판적인 생각들을 하지 않나요?

자기 비판적인 적이 있다면 언제였는지, 또 어떤 방식으로 자기를 비난했는지 생각해 본 후 적어 봅시다.

_____

_____

_____

_____

_____

2. 이번에는 내가 가장 좋아하고, 친절하게 대하는 누군가를 떠올려봅시다. 그 사람이 1번에서의 나와 같은 실수를 하거나 스스로에게 부족함을 느끼고 있다고 생각해 본 후 그 사람에게 건네고 싶은 말을 적어 봅시다.

_____

_____

_____

_____

_____

3. 우리는 모두 불완전한 존재이며, 우리가 겪고 있는 어려움은 다른 사람들도 함께 겪고 있습니다. 우리가 괴로움을 느낄 때 생각과 감정들에 대해 있는 그대로 바라봅니다. '나는 자책하고 있구나.', '이건 자기 비판적인 생각이구나.', '이런 생각을 할 수도 있지.', '나는 더 좋은 사람이 되고 싶다는 생각으로 스스로를 혹독하게 대하는구나.' 등 떠오르는 생각과 감정들을 있는 그대로 수용할 수 있습니다. 스스로에게 자신이 불완전하다고 느껴지는 점을 있는 그대로 수용하는 말을 건네봅시다.

_____

_____

_____

_____

_____

4. 이제 자기에게 향했던 비난과 비판을 친절한 위로와 응원으로 바꿔봅시다. 예를 들어 "내가 좋은 사람이었다면 그 상황에서 이렇게 말했어야 했어."를 "사람은 누구나 실수를 해. 나는 부족한 면이 있어도, 여전히 노력하려는 마음을 가진 괜찮은 사람이야."로 바꿀 수 있습니다.

_____

_____

_____

_____

_____

3장

인류보편성 :
모두 다 그래

- - - - - - - - - - - - - - - - - - - -

사람은 누구나 비슷한 삶을 살아간다.

일하고, 먹고, 울고, 사랑하고.

하지만 다른 게 있다.

그건, 이 많은 일들을 어떤 식으로 해 나가고 있느냐다.

다이앤 본 퍼스텐버그 Diane von Furstenberg

- - - - - - - - - - - - - - - - - - - -

실패하거나 실수할 때를 떠올려보자. 다른 사람들은 모두 괜찮고 문제가 없는데 나만 어려운 일을 겪고 있는 것처럼 느끼곤 한다. 이렇게 고통의 순간에도 우리는 종종 타인과 나를 비교하며 고립된 것 같은 느낌을 받는다.

이러한 감정은 논리적이지 못하다. 우리의 이해를 좁히고 현실을 왜곡하게 만드는 감정적 반응이다. 이 비정상적인 사고는 우리를 단절감과 외로움으로 이끌고 결과적으로는 고통을 악화시킨다. 결코 현명한 해결 방법이 아니라는 의미다.

자기자비 심리학에서는 우리에게 주어지는 수많은 도전적인 일들이 인간 삶의 일부이며 인간이라면 모두가 공유하는 경험이라고 말한다. 즉, 당신만 힘든 게 아니다. 모든 사람이 고통을 경험하고, 고통 속에서 몸부림친다. 이 글을 쓰고 있는 나도 그렇다. 상황과 고통의 크기만 다를 뿐, 모든 인간은 비슷한 환경에서 비슷한 경험을 한다는 인류보편성을 기억할 때 고통의 순간 고립에서 벗어날 수 있다는 것을 기억하자.

1) 쓰디쓴 인생 한 소절

영화 〈굿 윌 헌팅〉은 수학적으로 타고난 천재지만, 어렸을 때 아버지의 학대로 인한 트라우마로 도벽, 폭력을 일삼는 윌의 이야기를 그린 작품이다. 그는 사랑하는 사람들에게서 버려질까 두려워 그들을 밀어내고 겉으로는 무감정한 태도를 취한다. 이러한 윌의 트라우마를 극복하기 위해 숀 교수가 상담을 시도하고 스승이자 제자의 관계를 넘어 한 사람으로서 소중함을 전달한다. 이는 윌에게 새로운 경험과 안정감을 제공하며 그의 얼어붙은 마음을 녹여낸다.

이 영화는 그의 극복 과정을 통해 언젠가는 우리 모두가 삶의 어떤 순간에 대해 후회하거나 미련을 가질 수 있음을 알려주고 그런 감정에 잠겨있는 동안에는 앞으로 나아가기 힘들 수 있음을 보여준다. 영화가 말하는 것처럼 우리는 과거를 받아들이고 그로부터 배운 교훈을 토대로 현재와 미래를 다시 쓸 수 있는 기회로 삼아야 한다.

트라우마를 이겨내는 과정은 자기 성장과 변화의 기회다.

뜬금없는 이야기처럼 보일지도 모르겠다. 자기자비와 트라우마가 무슨 상관이냐고, 25년도 더 지난 영화 이야기를 왜 하느냐고 따져 묻는 사람이 있을지도 모르겠다. 애석하게도 이건 나의 인생을 장식했던 트라우마에 대해 털어놓기 위한 사족이다.

집안에서 유일한 장손인 친정 아빠는 결국 아들을 낳지 못했다. 어릴 적 내 성기를 만지며 꼬추는 어디에 두고 왔냐며 장난치던 할머니의 모습을 상상하면 지금도 얼굴이 발갛게 달아오른다. 아들을 낳아야 한다는 평생의 숙제 속에 틀린 문제로 여겨졌던 탓이었을까. 나는 수치심이라는 감정을 가장 먼저 배웠다. 부모님에게 얼마나 사랑받아 왔는지와는 별개로 존재 자체를 부정당했다는 생각은 여전히 트라우마다.

트라우마는 개인의 내면세계에 깊은 흔적을 남기기 마련이다. 당연히 나의 트라우마도 지금의 나를 만들었다. 모든 자리에서 눈에 띄기를 바랐고 모든 사람들의 긍정적인 피드백을 원했다. 모든 일에 우수하길 바라면서 항상 내 존재감을 확인하고 또 확인했다. 소위 말하는 관종이었다.

트라우마는 과거의 상처를 지속적으로 기억나게 한다. 자기자비를 만나기 전 나는 과거의 트라우마에서 벗어나기를 어려워했다. 자격지심, 피해의식과 같은 얄궂은 생각으로 똘똘 뭉쳐있었다. 지금은 어떠한가. 스스로를 사랑하고 받아들이는 과정을 연습하면서 이겨내고 있다. 그 누구도 아닌 나와의 대화만이 트라우마를 극복할 수 있다.

'난 사랑받아 마땅해.'가 아닌 '모두에게 사랑받지 않아도 괜찮아.'라고 되뇌어보자. 분명 도움이 될 것이다.

한국보건사회연구원이 실시한 트라우마 경험 실태조사를 보면 트라우마 경험자의 85.6%는 트라우마를 발생시킨 사건에 대해 회복할 수 있다고 생각했다. 실제로, 트라우마를 경험한 후 이전보다 더 건강하고 성숙한 모습으로 변화하는 외상 후 성장을 경험한 비율도 76.3%에 이르렀다. 하지만 실제 트라우마에 대해 충분히 애도 또는 해소를 하였다고 응답한 비율은 65.1%에 그쳤다.[1] 이는 어떤 측면에서 외상 후 긍정적인 변화와 성장을 경험한 것처럼 느낄 수 있지만 그것이 트라우마를 완전히 이겨냈음을 의미하지 않는다는 것을 말한다.

자기자비는 자신에 대한 트라우마를 완화하는 역할을 한다. UCSF 웨일^{UCSF Weill} 신경 과학 연구소 비숍^{Bishop}의 연구에 의하면 자기자비는 부정적인 사건에 대해 알맞은 조치를 취하는 자원이 되어 트라우마의 회복을 도왔다.[2] 자기자비는 사건으로 인해 촉발된 생각과 정서를 회피하기보다 있는 그대로 받아들임으로써 고통스러운 감정에 직면할 수 있도록 용기를 주기 때문이다.

그 일이 당신에게만 일어난 것 같다고 생각하는가? 죽도록 생각하기 싫은 경험이 정말 죽음을 가져다준다고 생각하는가? 인간은 모두 자신만의 고난과 역경을 극복하기 위해 끊임없이 전투하고 있다. 과거의 선택이나 경험을 돌이켜 바꿀 수는 없지만 현재의 변화가 완전히 다른 미래를 만들어낼 수 있다는 것만으로도 희망적이지 않은가?

나 역시 치열한 인생의 전장에서 살아남기 위해 고통을 줄일 수 있는 방법을 찾다가 자기자비를 만났다. 유혈이 낭자한 전쟁터에서 혼자라 느껴질지라도 자신과 좋은 친구가 될 수 있음을, 더 나아가 어떠한 몸부림 속에서도 나는 혼자가 아님을 깨달았다.

인생은 우리 스스로가 쓰는 대작시이며, 우리의 선택과 행동이 삶의 이야기를 더욱 풍성하게 만들어갈 수 있는 열쇠라는 점을 기억하자. 당신도 고통의 순간에 스스로의 진정한 친구이기를, 그리고 그 순간에도 우리 모두가 연결되어 있다는 걸 느낄 수 있기를 바란다.

by 손소망

1. 유튜버 박위

유튜브 채널명 〈위라클(We+Miracle)〉을 운영하는 박위는 2014년 인턴으로 일하던 의류회사에서 정규직 전환이 확정된 날 축하 파티를 하다 건물 2층 높이에서 떨어져 경추가 골절되면서 전신마비 판정을 받았다. 그때 그는 고작 28살이었다. 하지만 그는 희망을 잃지 않았고, 사회적 장애인식 개선 및 재활 정보 전달을 위한 여러 콘텐츠를 다루는 유튜버가 되었다. 장애인식이라는 다소 무거울 수 있는 주제를 유쾌하게 풀어내는 그의 영상에서는 많은 사람들에게 희망과 용기를 주고 있다. 고난을 극복한 것이 아닌 고난 속에서 기쁨을 찾아 느끼는 중이라는 그는 "우리가 어떤 모습으로 태어났고, 어떤 상황에 놓여 있고, 어떤 고난 가운데 있을지라도 우리가 숨 쉴 수 있고, 살아 있고, 살아갈 수 있으면 그게 바로 기적입니다. 우리는 오늘도 일상에서 기적을 경험하며 살아가고 있습니다. 우리 모두에게 기적을…. 위라클!" 이라 외친다.

2. 안젤리나 졸리

세계 최고의 배우로 꼽히는 안젤리나 졸리는 1살 때 아빠로부터 버림받아 돈이 없는 엄마와 함께 아파트 사무실에서 힘겹게 살았다. 학교에서는 '우방기 입술(아프리카의 강 이름)'이라 불리며, 집단 따돌림을 당하는 등 힘든 어린 시절을 보냈다. 하지만 그녀의 매력적인 입술은 전 세계인들의 워너비가 되기에 이르고, 아빠로부터 버림받은 그녀는 어린 시절 트라우마를 소외계층을 돕는 봉사활동으로 이겨냈다. 그녀는 자선행사를 통해 소외계층에 대한 경각심을 높이는 데 앞장섰고 난민 및 탈북자 돕기를 자처하며 '할리우드 선행명사 10인'에 선정되기도 하였다. 뿐만 아니라 UN난민기구의 국제적 봉사활동 공로를 인정받아 UN 국제시민상의 최초 수상과 함께 수많은 국제 인권상을 수상하였다. 그녀는 한 시상식장에서 말했다.

"누군가는 잘 살고 누군가는 못 사는 것, 저는 잘 모르겠습니다. 그러나 어머니가 남긴 말씀을 따르고 싶습니다. 지금 주어진 삶에 최선을 다하라고, 쓸모 있기 위해."

3. 이지선 교수

꽃다운 23살 나이에 교통사고로 중화상을 입고 40번이 넘는 수술을 이겨냈다. 그녀는 대학 시절 학교 도서관에서 공부를 마치고 오빠의 차를 타고 귀가하던 중 음주 운전자가 낸 7중 추돌사고로 전신 55%에 3도의 중화상을 입었다. 당시의 상황과 심정을 글로 표현한 도서 『지선아 사랑해』가 판매고 30만 부를 돌파하며 크게 주목받았다. 그녀는 '내가 받았던 도움만큼 다른 사람을 돕고 싶다'며 전공을 바꿔 미국 보스턴대 · 컬럼비아대에서 재활상담학 · 사회복지학 석사와 UCLA에서 사회복지학 박사 학위를 취득했다. 현재 모교 이화여대 사회복지학과 교수가 되어 "모교에서 가르치는 기쁨을 누리게 해주셔서 감사하다."라고 말한다.

2) 나는 내가 할 수 있는 것을 한다

　사람들은 자기를 괴롭히는 트라우마가 사라지기를 바라고 또 그럴 수 있다고 믿는다. 큰 트라우마 또는 계속 생각나는 마음의 상처가 어떤 한 가지 방편을 통해 사라질 수만 있다면 얼마나 좋을까. 불교에서는 마음 속 고통을 번뇌라고 하는데 번뇌를 사라지게 할 수 있는 방법이 내 안에 있다고 가르친다.

　그래서 최근 각광받고 있는 트라우마 치유법이 '요가'다. 인도와 불교에서 유래한 요가는 자신의 마음을 들여다보고 이를 통해 스스로 치유될 수 있도록 돕는 수행법으로 자기자비 증진에도 도움이 된다. 실제로 6주간의 요가 프로그램에 참여하는 성인 여성들을 관찰한 연구 결과가 있다. 요가 참여자들은 6주 동안 자기자비심, 마음챙김과 나르시시즘에 관한 태도가 긍정적으로 변했다.[1] 이러한 효과는 '힐링'이 중요한 삶의 키워드인 현대인에게 요가가 중요한 기능을 할 수 있다는 것을 보여준다.

놀라운 건 요가가 인간의 트라우마에도 효과적이라는 연구 결과가 쏟아지고 있다는 것이다. 2017년, 국내에서도 연구를 통해 심신치료 개입법으로 주목받고 있는 요가가 트라우마 치료에 효과적이라는 사실을 입증했다.[2] 또한 현대인의 심신건강 회복과 증진을 위해 요가의 다양한 기법들을 구체적이고 개별적으로 적용하는 요가테라피는 트라우마라는 분야에 통합되어 빠르게 성장, 발전하고 있다. 요가를 통해 내 안의 또 다른 나(자아)를 다스리는 방법을 알면 트라우마를 극복하는 데 도움이 된다는 유의미한 결론을 얻은 것이다.

내 안의 나를 들여다보고 있는 그대로를 인정하고 받아들이면 고통으로 몸부림치는 시간을 줄일 수 있다. 인생에는 크고 작은 굴곡이 있고 좋은 날이 있으면 아픈 날이, 그 뒤에는 다시 웃을 날이 올 것이다. 무엇보다 이런 희로애락은 누구에게나 있다는 사실을 잊으면 안 된다.

두 아이를 동시에 낳고 산후 우울증으로 힘들었던 적이 있다. 괴로웠다. 매일 슬펐고, 그래서 매일 울었다. 그런 나 때문에 가족들도 고통 속으로 빨려 들어가고 있었다. 죽고 싶었고, 죽이고 싶었다. 숱한 미션이 주어지고 있는 요즘에도 그때가 가장 힘든 시기였던 것 같다.

삶의 구렁텅이에서 허우적거리고 있던 그때, 어렵게 친견한 덕문스님께서 이런 말씀을 해주셨다.

"억울해하지 말아라."

눈물이 쏟아졌다. 무엇 때문에 그렇게 울었는지도 잘 모르겠다. 아마도 모든 사람이 다 그렇게 사니까, 혼자만 억울해할 필요가 없다는 의미가 큰 위로가 되었던 것 같다. 그날 이후 나는 시간에게도 시간을 주기로 했다.

불교에서 말하는 인류보편성은 모든 인간이 고통에서 벗어나 행복을 추구하는 궁극적인 목표를 공유한다는 개념에 기반한다. 불교는 '인간(生類) 존중'이라는 인류의

보편적 가치를 실현하는 종교로, 모든 인간이 고통에서 벗어나 행복을 추구한다는 보편적인 목표를 강조한다. 이는 다시 말해서 인간이라면 누구나 고통을 겪는다는 말로 해석되기도 한다. 불교는 고통에 종지부를 찍는 것이 아니라, 고통이 주는 영향에서 벗어날 수 있다는 의미를 담고 있으며, 이는 서양 심리학에서도 중요한 개념으로 자리 잡고 있다.

이렇듯 불교에서 시작된 인류보편성의 개념은 심리학 분야에서 인간의 마음과 행동을 이해하고 변화시키는 데 중요한 기반을 제공한다. 인류보편성은 인간의 마음과 행동의 변화를 이끌어내는 데 활용되고 있다. 불교의 명상과 같은 수행을 통한 변화를 연구하는 수행심리학 분야가 있으며, 마음의 변화가 몸의 변화를 불러일으키는 측면에 초점을 맞추고 있다. 이는 인간의 마음을 긍정적으로 변화시키고, 부정적인 생각과 행동 패턴을 극복하는 데 도움을 주고 있다. 이러한 교차점에서 불교와 심리학은 인간의 본질적인 행복과 고통의 극복을 위한 방법론을 공유하며, 서로를 보완하는 관계를 맺고 있다고 할 수 있다.

아주 먼 과거에도 인간은 자신보다 지위가 높은 사람에게 상처받았고 비슷한 방법으로 그 상처를 치유했다. 다시 말해 예나 지금이나 동양이나 서양이나 인간은 비슷한 삶을 살고 있다. 누구나 인생의 시험대에 오를 수 있고 누구나 나와 비슷한 힘든 상황에 놓일 수 있다. 나만 힘든 게 아니다. 즉, 인간은 비슷한 삶을 살고 있으며 누구라고 특별할 것도 특별하지 않을 것도 없다.

그러니까 SNS 속에 보이는 타인의 삶을 동경하지 말자. 인플루언서의 삶도 당신과 크게 다르지 않을 것이다.

by. 이예지

3) 어린 아이와 동고동락

어린 시절 겪은 충격적인 사건이나 사고는 트라우마라는 이름으로 크게 각인된다. 큰 트라우마를 가진 아이는 다른 아이들과 비교했을 때 상처가 많다. 어린 아이는 어른보다 고통의 순간 속에 고립되기 쉽기 때문이다.

내면아이란 우리 안에 존재하는 작은 아이를 말한다. 그것은 우리의 깊은 내면에서 살아 숨 쉬며 우리의 감정과 욕구, 필요성을 대변한다. 내면아이는 우리의 존재에서 가장 순수하고 소중한 부분이다. 때론 내 마음 깊숙한 부분에 상처로 남아 삶에 영향을 미치고 행복을 방해하기도 한다.

상처받은 내면아이는 어린 시절에 부정적 사건 혹은 결핍된 사랑으로 생겨난 상처를 안고 성인의 내면에 성장하지 못한 채 자리 잡고 있다. 즉, 우리의 내면에서 쓰러져 울고 있는 작은 아이와 같다. 그 작은 아이는 상처를 입었고 외로움과 고통을 겪고 있다. 애석하게도 우리는 누구보다 도움이 필요한 작은 아이를 무시하거나 부정적으로 대할 때가 많다.

우리는 이유를 알 수 없는 공허함을 느끼기도 하고, 술에 의지하거나 도박, 성형 중독과 같은 형태로 물질적 집착을 할 수 있다. 매일 밤 맥주로 하루를 마무리하는 사람, 하루라도 TV를 안 보면 잠을 못 자는 사람, 자신도 모르게 도박장에 앉아 있는 사람…. 이러한 신체적, 심리적 반응은 상처받은 내면아이가 보내는 신호일 수 있다.

고백하자면 나에게도 크고 작은 상처를 받은 내면아이가 있었다.

바야흐로 5년 전. 내 나이 스물여덟 살 즈음이었다. 아빠가 치아가 안 좋은지 계속 쓰읍쓰읍하며 공기 먹는 소리를 냈는데 왠지 그 소리가 소름 끼치도록 싫었다. 아빠의 작은 습관일 뿐인데, 아빠가 아파서 그런 건데, 이해하기는커녕 짜증만 냈다. 나는 왜 그랬을까?

문득 어렸을 때의 한 장면이 떠올랐다.

'쓰읍!~ 안 돼! 쓰읍~ 하지마!'

아빠는 컨디션에 따라 종종 '쓰읍'거리면서 말을 했었다. 예를 들어 컨디션이 좋지 않은 아빠에게 놀아달라고 했을 때 '쓰읍~ 안 돼.'라고 말하곤 했다. 그 시절 나는 '쓰읍' 소리를 들으면 무엇을 하다가도 깜짝 놀랐고 주눅이 들었다. 그래서 작아진 아빠가 아파서 내는 작은 소리에도 짜증으로 반응했던 것이다.

내면아이는 우리에게 언제나 신호를 보낸다. 우리는 그 신호를 무시하거나 묵살하지 않아야 한다. 나는 이미 그 전에 마주한 적이 있는 내면아이를 쉽게 알아차릴 수 있었다. 나는 자기자비를 통해 내면아이를 안아주었고 그 아이에게 어떤 위로가 필요했던 것인지 알아냈다. 지금은 알고 있다. 아빠의 '쓰읍' 소리가 이 순간 짜증인지, 그 시절 미움인지.

내가 나의 내면아이를 마주했던 순간은 또 있다.

딱히 울 일도 아닌데 눈물이 쏟아졌던 적이 있었다. 몸이 고장 난 느낌이었달까? 마음이 아픈가 싶어 스스로 심리상담센터를 찾은 적이 있다. 놀랍게도 나는 '동물'에 민감하게 반응했고 책임감 지수가 불특정하게 치솟아 있었다. 동물과 책임감이 무슨 관계가 있느냐고 의아할지 모르겠다.

나는 어릴 때부터 시골의 할머니 집에서 크고 작은 동물들과 함께 지냈다. 하지만 할아버지, 할머니에게 동물은 생계 수단이자 잔칫날의 음식 재료에 불과했다. 아침마다 인사했던 소도, 같이 뛰어놀던 개도, 부러진 다리를 치료해 줬던 닭도 하루아침에 사라진 동물들, 나에게는 지켜주지 못한 가족이었다. 심리상담사는 어릴 적 경험 속에 '지켜주지 못함'의 마음이 불특정하게 높은 책임감을 가진 나에게 큰 죄책감으로 남았을 거라고 했다.

"당신 때문에 강아지가 죽은 것 같나요?"

"그것은 아니지만, 죽는 순간 나를 그리워했을 것 같아요. 나에게 도움을 요청하고 싶었을 거예요."

"그건 본인 생각 아닌가요? 그 강아지는 그렇게 생각

하지 않았을 수 있잖아요."

"묶여 있거나 내가 돌보지 않는 시간에 혼자서 많이 외로웠을 거예요. 더 잘해주지 못한 게 너무 미안해요."

"강아지는 그 시간이 고요하고 평온하다고 생각했을 수 있어요. 외로웠을 거라고 생각하는 것은 본인이네요."

나는 동물을 작고 여린 존재로 여기고, 지켜주지 못한 보다 강한 나에게 모든 책임을 떠넘기고 있었다. 그렇게 상담이 계속 진행되었다. 여러 사건이 정리될 때쯤 상담사가 말했다.

"그 시절 소망이에게 어른이 된 소망이가 한마디 해주세요. 무슨 말이라도 좋아요."

"괜찮아 소망아, 너는 혼자가 아니야."

나의 내면아이와 마주한 순간, 눈물이 쏟아졌다. 내 안에는 동물을 지켜주지 않는 어른을 원망하며 혼자가 될까 봐 두려운 어린 내가 웅크려있었던 것이다. 이제는 동물을 바라보며 어린 나를 찾지 않는다.

내면아이와의 만남부터 치유까지는 많은 시간이 걸린

다. 어릴 적 트라우마가 클수록 내면의 아이는 내 안에서 아주 큰 똬리를 틀기 때문이다. 우리는 내면아이의 상처를 부정하지 말고 받아들이고 인정해야 한다. 실제로 많은 심리학자들이 내면아이와 직면하여 소통하는 과정에서 그것을 수용하라고 조언한다. 상처가 있었던 이유와 그로 인해 느꼈던 감정들을 이해하고 받아들임으로써 감성의 퍼즐 조각, 내면아이를 맞이해야 한다. 그것이 치유의 시작이다.

자기자비는 내면의 치유력에 긍정적 효과가 있다. 20일간 겪은 부정적인 사건에 대해 보고하는 리어리^{Leary}의 실험에서 자기자비가 높은 참가자는 자신이 겪은 일을 더 객관적인 시선에서 바라보았으며, 자신의 어려움이 다른 사람들의 문제보다 특별히 더 나쁘지 않다는 긍정적인 인식을 갖고 있었다.[1] 결국 자기자비 수준이 높은 사람들이 삶을 더 행복하고 긍정적이며 만족스럽게 느끼도록 한다.

어른은 울고 떼쓰고 말썽 피우는 아이에게 어떤 대가

를 바라면서 훈육하지 않는다. 자비로운 자세와 너그러운 마음으로 아이를 품어 내고 성장시킨다. 스스로에게도 똑같이 굴어야 한다. 자신의 어린 내면아이를 자비로운 자세로 보살피고 사랑해주자. 내면아이가 아무리 말썽꾸러기이더라도 당신을 따를 것이다.

by. 손소망

4) 내면아이의 은밀한 속삭임

사람들은 어린 시절 겪은 고통을 외면하는 경향이 있다. 이는 아픈 기억을 상기시키는 것이 고통스러워 자신의 기억을 왜곡하거나 무시하는 것이다. 그러나 이러한 행동은 결국 내면아이를 마주하지 못하게 되고 결과적으로 우리의 '현재'까지 영향을 미친다.

당신의 내면아이는 괜찮은가?

많은 사람들이 자신이 겪은 어린 시절의 아픔을 기억하지 못하거나 축소하기도 한다.

당신이 어렸을 때 경험했던 힘들고 아픈 상황을 주변의 가장 사랑하는 사람이 겪었다고 생각해 보자. 만약 그

것이 당신의 마음을 아프게 한다면 당신의 내면아이가 안녕하지 못하다는 것을 의미할 수도 있다.

내면의 아이를 돌보지 못해 힘들어하는 친구가 있었다. 미술을 전공했던 그녀는 크고 작은 미술 대회에서 1등을 놓치지 않는 집안의 자랑이었다. 그녀의 인생이 삐거덕거린 건 입시 미술학원을 다니기 시작하면서부터였다. 치열한 경쟁 속에서 살아남지 못하고 자기보다 그림을 더 잘 그리는 친구들에게 앞자리를 내어주게 된 것이다. 항상 앞줄에 걸렸던 그녀의 그림이 뒷줄에 걸리기 시작했을 때, 자존심이 한없이 무너져 내렸다. 홀로 힘든 시간을 보냈던 그녀는 결국 부모님의 기대에 부응하지 못했다는 죄책감에 자신의 꿈을 내려놓았다. 무엇이 그녀를 그토록 괴롭혔을까.

"중학교 때 네 짝지는 다른 학원에서 1등 했다더라. 내가 뭐랬어. 그 학원을 갔으면 더 잘했을 텐데…. 너도 조금 더 하면 1등 할 수 있을 거야."

그녀의 부모는 항상 '더'라는 암시적 메시지를 던졌다.

조금 더 잘하면 칭찬해 줄 거라는 말과 행동이 그녀를 인정에 목마른 상태로 만든 것이다. 부모에게서 1등이 아닌 자신은 가치가 없었기에 친해지고자 다가오는 친구들에게도 차가웠다. '그림을 잘 그리지 않는 나는 가치가 없어. 나는 그저 저 친구들의 순위를 높여주는 하위권 미술생일 뿐이야.'라고 생각하면서 점점 고립되어 갔다.

어디서 많이 본 이야기다. 드라마 〈스카이캐슬〉의 어떤 장면이 떠오르지 않나. 학업 성취를 위해 부모들이 가하는 강압적인 교육, 자녀들에게서 보이는 성적에 대한 집착, 도벽, 반항, 자살, 그리고 성적 외엔 무관심한 부모의 태도…. 드라마이기 때문에 과장된 면이 있기는 하겠지만 전혀 없는 이야기는 아닐 것이다.

저명한 아동정신과 의사이자 오하이오주립대학 정신과 교수 W. 휴 미실다인^{W. Hugh Missildine}에 따르면 우리의 내면에는 두 개의 자아가 있다. 하나는 부모의 생각과 행동을 닮은 내면부모이고, 다른 하나는 부모의 양육 태도에 대한 반응으로 형성된 내면아이이다.

자신의 부모를 그대로 닮은 그녀의 내면부모 때문에

그녀 자신은 본인에게 매우 엄격하다. 자신의 실수를 용납하지 않으며 칭찬하는 법이 없다. 부모로부터 인정을 받지 못한 내면아이는 타인이 아닌 스스로 칭찬하고 인정하는 자기 치유가 절대적으로 필요하다.

그녀와 비슷한 고통 속에 있는 사람에게 샤우나 샤피로^{Shauna Shapiro}의 저서 『마음챙김』에서 추천한 '안녕, 사랑해'를 권하고 싶다.[1] 매일 아침 눈을 뜨자마자 침대에 누운 채로 가슴 한편에 손을 올린 후 '안녕, 사랑해'를 외치는 쉽지만 어려운 수행 방식이다. 이미 수많은 사람의 인생에서 변화를 일으킨 기적의 외침이기도 하다.

매일 빠짐없이 충실하게 수행한다면 당신의 상처받은 내면아이는 사랑받는 내면아이로 변화할 것이다.

내면아이, 자발적으로 치유할 수 있을까 : 용서일기

친한 동생의 이야기다. 3년 전 우연히 알게 된 그녀는 발랄하면서도 날카로운 매력의 소유자였다. 예쁘장한 외모에 다부진 성격이 마음에 들었지만 어딘지 모르게 어두운 구석이 있었다. 부에 대한 갈증이 있었고 사랑에 목말랐으며 사람들 사이에서 인정 욕구가 대단했다. 그녀의 결핍에는 이유가 있었다. 그녀의 어린 시절은 암흑이었다. 알코올 중독과 가정폭력을 일삼던 아버지에게서 도망쳐 엄마와 보일러도 화장실도 없는 집에서 살게 됐다. 전보다는 낫다는 생각으로 버티던 중 이모 집에 보내지게 되면서 그녀의 세상은 온통 어둠이었다. 다시 만난 엄마가 제2의 인생을 꿈꾸며 홀연히 제주도로 떠나던 날, 그녀는 완전히 혼자가 됐다.

그 후로 십여 년을 부와 관계에 집착한 채 살던 그녀가 스스로 예민한 사람임을 인정한 후 '용서일기'를 쓰기 시작했다. 자신이 겪은 고통과 분노 등을 안겨준 부모를 용서하려고 노력했다. 자신을 돌보지 못했던 자신을 용서했다. 굳어버린 감정이 허물어졌고 과거에서 해방됐다. 나는 어두웠던 그녀의 얼굴에 빛이 드리던 그날을 잊지 못한다.

"언니, 나 결혼해! 나도 가족이 생겼어~!"

한 사람을 진심으로 사랑하고 지지하며 함께 나아갈 수 있음에 기쁘다고 말하는 그녀. 자기자비를 통해 비로소 진정한 자아와 행복을 찾은 그녀의 새 삶을 응원한다.

by. 손소망

'나'를 위한 용서일기

용서는 단지 우리에게 상처를 준 사람들을

받아들이는 것만을 의미하지 않는다.

그것은 그들을 향한 미움과 원망의 마음에서

상처받은 가여운 내 영혼이 숨 쉴 수 있도록

스스로를 놓아주는 일이다.

그러므로 용서는 자기 자신에게 베푸는

가장 큰 자비이자 사랑이다.

달라이 라마^{Dalai Lama}

1. 자신의 분노와 원망 등 짐을 내려놓기 위한 용서의 의도를 적어봅시다.

_____

2. 자신을 아프게 했거나 방치했던 방식을 적어봅시다.

_____

3. 그 일로 자신이 겪었던 슬픔을 다시 떠올리며 특정 사건을 구체적으로
   적어봅시다.

_____

4. 용서를 받았을 때의 느낌을 떠올리며 내가 사과를 하는 당사자였다면 어
   떻게 말했을까 적어봅시다.

_____

5. 그럴 수 있다 인정하며 원한, 비난, 분노를 제외한 용서의 편지를 짧게 남
   겨봅시다.

_____

6. 과도한 생각에서 벗어나 용서는 타인이 아닌 내 마음의 평온을 찾기 위
   함임을 되새겨 봅니다.

_____

고통의 고립에서 벗어나기

1. 고통을 있는 그대로 바라봄으로써 그 고통으로부터 진정으로 회복하는
   경험을 할 수 있습니다. 인생에서 고통스러웠던 경험을 작성해 봅시다.

   _____

   _____

   _____

   _____

   _____

2. 사람은 살면서 고통을 겪습니다. 고통이나 실패는 삶의 일부분으로 인
   간의 공통된 경험일 수 있습니다. 고통스러운 경험들이 나만 경험하는
   것이 아니며 다른 사람 역시 겪을 수 있는 경험이라고 생각해 봅시다.
   이제 내가 경험하셨던 것과 비슷한 부정적인 사건들, 또는 인생의 역경
   을 다른 사람들은 어떤 식으로 경험하고 대처할지에 대해 글을 작성해
   봅시다.

   _____

   _____

   _____

   _____

   _____

3. 조금 전 떠올린 부정적인 사건을 당신이 아닌, 당신의 친한 친구 또는 사랑하는 가족이나 대상이 겪었다고 생각해 봅시다. 그 사랑하는 이를 향해 친절하고 이해심 있으며, 비판단적이고 자비로운 태도를 가져보십시오. 이때, 당신은 그 사람을 위해 어떤 것을 해주고 싶나요?

_____

_____

_____

_____

_____

4. 그 사랑하는 이가 당신이 겪은 힘들었던 일을 겪었다면 어떤 말을 해주고 싶은지 친절한 태도와 자비로운 마음을 담아서 편지를 써봅시다.

_____

_____

_____

_____

_____

4장

마음챙김 :
있는 그대로

- - - - - - - - - - - - - - - - - - - -

인간을 불안하게 만드는 것은 사물 그 자체가

아니라, 그것을 바라보는 인간의 방식과 관념이다.

에픽테토스 Epictetus

- - - - - - - - - - - - - - - - - - - -

자기자비를 실천하기 위해 마음챙김을 통해 고통 그 자체를 있는 그대로 받아들일 필요가 있다. 우리가 고통 속에 있다는 것을 인정하지 않는다면 우리 자신에게 자비로울 수 없다. 즉, 마음챙김은 자기자비의 전제조건이다.

우리가 고통받고 있다는 사실에 맞서 싸우고 저항한다면 우리는 고통에 과몰입한 나머지 자신을 돌보는 데 필요한 관점을 채택할 수 없을 것이다.

부정적인 생각이나 감정에 지나치게 동화되어 발생하는 반응은 주로 후회의 상징 '이불킥'으로 이어진다. 때로는 자기가 실수한 것을 두고 '나는 실수다.'라고 생각한다든지, 끔찍한 일이 일어났을 때 '나는 끔찍하다.'라고 생각하는 과잉동일시까지 일어나기도 한다.

마음챙김을 통해 부정적인 생각과 감정은 그저 생각과 감정일 뿐 내가 아니라는 사실을 인식하는 것에서 자기자비가 시작된다. 아는 것보다 중요한 건 하는 것이다. 마음챙김을 삶에서 실천함으로써 부정적인 생각과 감정에 덜 흡수되고 동일시되는 데 도움을 받을 수 있을 것이다.

1) 모든 감정은 소중하다

감정은 우리 삶의 귀중한 부분이다. 우리가 경험하는 모든 감정이 소중하며, 감정은 우리를 풍요롭게 만들어 준다. 감정을 알아채는 순간, 우리는 분노, 슬픔, 기쁨 등의 다양한 감정들을 조절할 수 있는 힘을 가지게 된다.

또 현재의 순간에 깊이 집중하고, 감정과 생각을 비판 없이 수용하는 것을 강조한다. 마음챙김은 우리가 현재의 경험을 온전히 받아들이고, 자연스럽게 그것을 경험하는 능력을 키워준다. 이를 통해 우리는 현재의 삶에 대한 인식과 이해를 높일 수 있다. 현재에 집중하기 위해서는 일상적인 활동에 주의를 기울여야 한다.

나는 좋아하는 게 없는 줄 알았다. 싫어하는 것이 없는 게 둥근 성격이라고 생각했다. 그저 내가 무엇을 좋아하는지를 모른 채 정확하게는 표현할 줄 모르는 똥 멍청이일 뿐이었는데도 말이다.

예를 들면 이런 식이다. 친구와 밥을 먹으러 가도 친구가 좋아하는 것을 먹었고, 산이든 바다든 놀러 가는 것이라면 다 좋았다. 대체로 아메리카노를 마시지만, 친구가 카페라떼를 주문해 와도 대수롭지 않았다. 친구가 "어떤 음식 좋아해?"라고 물으면 "장어 빼고는 대체로 다 잘 먹는 편이야."라고 답했다. 좋아하는 음식을 물었는데 싫어하는 것을 알려주었다. 동문서답이 따로 없다.

하지만 어딘가 익숙하지 않나? 우리 주변에서 쉽게 찾아볼 수 있는 한국인의 대화법이다. 좋아하는 것을 단번에 말하면 '답정너'가 되어버리는 한국인들의 집단주의 특성이 만들어낸 대화법이라는 생각도 든다.

한 국내 대학 교수진이 '우울감을 표현하는 것'에 대해서 한국인이 어떻게 인식하고 있는지에 대하여 연구하였다. 그 결과 한국인들은 '우울감을 표현하는 것은 상대방에게 좋지 않은 인상을 심어줄 수 있다거나, 나에 대해 나쁜 소문이 생겨날 수 있다.'고 생각하는 경향이 높게 나타났다.[1] 이와 같이 자신의 감정을 표출하고 싶지만 갈등하는 '정서표현 양가성'은 표현을 억제하는 한국인의 정서와 거절로부터 자신을 보호하려는 마음에서 만들어진다.

감정을 표현하기 위해서는 감정을 파악하는 것이 선행되어야 한다. 스스로의 감정을 파악하기 위해 감정 단어를 활용해 보자.

행복

아주 좋아하는, 애정어린, 포근한, 상쾌한, 인정받는, 즐거운, 환호의, 매우 기쁜, 희열에 넘친, 고무된, 고맙게 여기는, 온화한, 끝내주는, 만족한, 유쾌한, 기쁨에 넘치는, 사랑하는, 기분 좋게 놀란, 명랑한, 기대하는, 주의 깊은, 경외감을 가진, 간절히 하고 싶어 하는, 집중하는, 흥분된, 매혹적인, 자극된, 따사로운, 황홀한, 평화로운, 반가운

사랑

다정한, 감사한, 상냥한, 애틋한, 포근한, 친숙한, 그리운, 열렬한, 호감이 가는, 순수한, 감미로운, 사랑스러운, 뿌듯한

기쁨

신난, 자랑스러운, 재미있는, 편안한, 홀가분한, 활기찬, 설레는, 만족스러운, 기쁜, 감사한, 기대에 부푼

분노

꼴 보기 싫은, 화난, 불행한, 괴팍한, 불쾌한, 불만족스러운, 격앙한, 격분한, 좌절한, 노발대발한, 격노한, 흥분한, 성난, 신경질이 난, 시샘하는, 눈이 뒤집힌, 기분 상한, 분개한, 열 받는, 당혹스러운, 아연실색한, 반감이 가는, 싫어하는, 마음이 내키지 않는, 지겨워진, 메스꺼운, 질색인, 신랄한, 얕보는, 멸시하는, 불경의, 비열한, 비난하는, 기분 상한, 하찮은, 천박한

욕망

이기적인, 욕심나는, 배 아픈, 고집부리는, 후회스러운, 초조한, 초라한, 절박한, 애끓는, 비참한, 서글픈, 거북한

슬픔

우울한, 낙심한, 풀이 죽은, 절망한, 맥이 빠지는, 허전한, 서운한, 위축되는, 허탈한, 의기소침한, 낙담한, 실망한, 기력이 없는, 울적한, 침울한, 상심한, 후회하는, 유감스러운, 불행한, 참담한, 무기력한, 마음이 무거운, 자포자기한, 뭔가 잃은 듯한, 낙심되는, 처량한, 눈물겨운, 애처로운, 공허한, 애석한, 안타까운, 주눅이 드는, 애끓는, 뭉클한, 암담한

두려움

걱정하는, 두려운, 불안한, 혼란스러운, 당황스러운, 긴장하는, 절망스러운, 초조한, 조마조마한, 간담이 서늘해지는, 겁나는

이러한 감정 단어들은 모호한 감정을 명확하게 구분할 수 있게 한다. 감정을 담당하는 뇌의 연결성을 과학적으로 설명하자면, 감정의 자극을 느끼는 편도체와 중간에서 이를 중재하고 연결을 돕는 대상회, 그리고 감정을 조절하는 전두엽이 있다. 모호한 감정을 구체적인 단어로 표현할 때 대상회와 전두엽이 함께 작동하면서 감정의 힘이 약해진다.[2]

최근 감정에 초점을 맞춘 리얼 관찰 예능이 인기를 얻고 있다. 〈오은영의 금쪽 상담소〉, 〈돌싱글즈〉, 〈하트시그널〉, 〈요즘 육아 금쪽같은 내새끼〉는 나도 즐겨보는 프로그램이다. 육아는 피곤하고, 연애는 힘들고, 취업은 걱정이고, 직장생활은 어려운, 지극히 현실적인 이야기를 통해 공감을 얻고 마음을 정화해 준다.

이 프로그램이 공통적으로 말하는 건 자신의 감정을 잘 다룰 줄 아는 사람이야말로 타인의 감정도 잘 살피고 공감할 수 있다는 것이다. 감정은 '기쁘다'와 '슬프다'로 나눌 수 있는 게 아니기 때문에 내 마음속 다양한 감정을 살피고 표현해야만 한다는 것을 가르친다.

김영하 작가는 KBS 〈대화의 희열〉에서 학생들에게 '짜증'이라는 표현을 사용하지 못하게 하는 이유를 흥미롭게 풀어냈다. 그의 설명에 따르면, '짜증'이라는 단어 안에는 다양한 감정이 혼재되어 있기 때문이다. 우리는 종종 서운함, 슬픔, 억울함 같은 복잡한 감정을 단순히 '짜증난다'고 표현하며 넘어가곤 한다. 이 말에 대체로 공감하는 우리는 기본적으로 감정표현에 서툴다.

실제 다양한 감정이 적힌 '감정 카드'는 심리치료를 위해 사용하기도 한다. 사람들은 보통 자신의 감정에 대해서 깊게 들여다보지 않는다. 하지만 감정 카드를 이용하여 자신의 감정을 표현하면 자신의 감정을 더 면밀하게 살펴보기 시작한다. 이것이 바로 자기 감정인식의 시작이다. 감정을 정확하게 인식해야 새로운 사건으로 발생되는 감정에 빨리 대처하고 회복할 수 있다. 다시 말해 감정조절에도 훈련이 필요하다.

중요한 건 감정 조절 훈련이 단순히 감정을 억누르는 연습이 아니라는 것이다. 파도처럼 밀려오는 감정을 느끼고, 빠르게 회복하는 능력을 길러내는 것이다. 이러한 감정 조절 훈련을 위해서는 마음챙김이 필요하다. 마음챙김은 감정을 억압하지 않고, 알아차리고, 받아들이고, 직접 마주하는 것이다. 주어진 상황은 똑같지만 마음챙김을 통해 우리의 감정을 조절할 수 있을 때 결과는 크게 달라진다.

스트레스 사건에 대해 어떤 감정에 빠져드는지 알았다

면 소소한 즐거움을 통해 회복하는 방법을 찾는 것이 필요하다.

나의 남편은 자신의 소소한 즐거움이 무엇인지 아는 사람이다. 그는 그냥 던져놓고 앉아 있는 장대 낚시를 좋아한다. 땡볕에 가만히 앉아 얼굴만 태우는 그를 이해할 수 없었던 나는 물고기를 향한 유혹의 소나타라도 추어야 하나 여러 번 고민했었다. 남편은 물고기가 미끼를 물면 낚싯대 끝에 달린 방울이 울리는데 그 방울을 바라보며 멍하게 앉아 있는 것이 좋다고 했다. 고요한 바다와 방울을 바라보며 오롯이 자신에게 집중하는 시간을 보내는 듯했다. 이러한 시간이 남편만의 마음챙김 방식이라는 걸 최근에서야 깨달았다.

마음을 단단히 챙기기 때문일까. 남편은 저녁 메뉴를 묻는 나의 물음에 늘 명확하다.

"오늘 뭐 먹을까?"

"자장면이랑 떡볶이는 주기적으로, 치킨은 항상 가능."

반면에 나는 어떤가.

"오늘 뭐 먹을까?"

"아무거나. 자기가 먹고 싶은 거."

"치킨?"

"그건 좀….."

마음챙김은 자신의 감정에 대한 균형 잡힌 자각과 관찰이다. 내 안에서 일어나는 있는 그대로를 비판단적으로 느끼고 수용한다면 나 자신과 보다 긍정적이고 건강한 관계를 형성할 수 있을 것이다.

내 마음도 관찰이 필요하다. 자장면, 떡볶이, 치킨, 막창 전골, 피자…. 지금쯤 먹을 때가 되지 않았는지?

by. 손소망

2) 내가 외면한 마음들

현재를 충만하고 여유롭게 살기 위해서는 자신의 불편한 마음도 외면하지 않아야 한다. 자신의 마음을 억누른다고 해서 그 마음이 어디로 사라지는 게 아니다. 마음속 깊은 곳에서 그 감정을 표출할 수 있는 기회를 호시탐탐 노린다. 그러니까 부정적 감정을 외면하고 마음속 깊은 곳에 묻어두면 현실에서 그런 감정이 일어나는 상황이 계속 발생하게 된다. 중립적인 사건이거나 여유롭게 넘길 수 있는 일이라 할지라도 마음속에 내가 외면한 마음은 죽지 않고 숨어 있다가 다시 자신을 알아봐 달라고 자신도 모르는 사이에 뿅 하고 나타날 것이다.

TV 예능 〈요즘 육아 금쪽같은 내새끼〉에서 싱글대디와 4남매에 대한 이야기를 담은 적이 있다. 6년 전 아내를 잃고 홀로 4남매를 키우며 사는 싱글대디. 아내를 보내고 약한 모습을 보이지 않으려 억누르며 살아온 아빠, 어린 나이에 정체 모를 모호한 슬픔에 갇힌 채 살아가는 4남매, 몸과 마음이 상해가고 있는 한 가족의 이야기가 소개된 적이 있다. 그중 둘째는 저혈당과 고혈당을 넘나드는 극단적인 당수치를 보였다. 오은영 박사는 더 이상 참지 말고 가족과 슬픔을 나누는 애도의 과정으로 '엄마를 그리워해도 괜찮다. 울어도 된다.'고 처방했다. 슬픈 존재이자 금기어였던 '엄마'를 함께 그리워하고 함께 울며 감정을 공유하라는 의도였다. 놀랍게도 자신의 감정을 충분히 느끼며 애도한 이후의 아이들의 삶은 달라졌다. 오은영 박사는 마음껏 우는 것은 진정 슬픔에서 벗어날 수 있는 유일한 길이라고 말한다.

자기 계발 프로그램을 안내하는 유튜브 〈힐마(Hill Mind-all that the All)〉에서는 분노의 감정은 열을 발생시켜 장기에 영향을 미치고, 근심은 소화불량을 일으키며, 슬픔은 폐에 치명적일 수 있다고 말한다. 감정을 있는 그대로 느낀다면 행복을 누리게 되고, 감정을 제대로 해소하지 못하면 신체에 직접적인 영향을 미친다는 말이다. 따라서 감정을 억누르지 않는 것이 건강을 지키는 비결이 될 수 있다.

그렇다면 우리는 어떻게 감정을 억누르지 않으면서 건강하게 해소할 수 있을까?

감정일기를 써보자. 감정일기는 어떠한 상황을 대할 때 마음의 반응과 그것의 처리 과정을 글쓰기를 통해 있는 그대로 기재하는 방식이다. 이는 있는 그대로를 기재함으로써 지각과 수용을 통해 본래 마음을 회복하게 한다.[1] 나도 책에서 이야기한 사례를 중심으로 감정일기를 작성해 보았다.

> ### 1. 그대의 현실이 만족스럽지 못하다면 – SNS 사건
>
> 1) 사건: 친구의 미니홈피 속 사진에 댓글을 남겼는데 답글이 오지 않았다.
> 2) 생각: 내가 댓글을 기분 나쁘게 적었나? 댓글을 달 만한 사진이

아닌가?

3) 감정: 친구를 잃은 듯한 공허감을 느꼈고 답글이 오지 않으면 어쩌지 하는 불안을 느꼈다.

4) 행동: 그 친구가 다른 댓글을 달고 다니는지 다른 친구의 미니홈피를 들어가 보았다.

5) 결과: 친구는 다른 일로 바빠서 그날 컴퓨터를 하지 못했다. 오해했다는 사실을 알자 부끄러웠다.

2. 완벽주의 미로에서 벗어나기 – 남편 분노 사건

1) 사건: 남편과의 데이트에서 남편이 휴대폰을 보았다.

2) 생각: 나와의 시간이 따분한가?

3) 감정: 화가 나기도 하고, 사랑이 변한 것 같아서 서운하기도 했다.

4) 행동: 눈물을 두어 방울 흘리며, 남편에게 예의가 없다며 핀잔을 주었다.

5) 결과: 우린 서로 휴대폰을 만지고 있었다. 나는 자연스레 휴대폰을 내려놓았지만 남편은 그것을 알아차리지 못하였다. 눈치가 없었을 뿐 나와의 시간이 따분하다는 것이 아니었다.

　

자신의 감정을 추적하며 쓴 감정일기를 통해 생각과 감정 사이의 연결고리를 찾아냄으로써 자신의 감정이 어떤 생각에서 비롯되었는지를 알 수 있다. 그리고 이를 통해 조금 더 유연하고 포용적으로 생각해 볼 수 있다.

우리는 종종 자신의 부정적 감정을 인정하지 않으려고 애쓴다. 수치심이나 죄책감과 같은 감정을 부끄러워한다. 또한 분노나 타인을 향한 공격심은 나쁜 것이라 생각한다. 허나 이러한 감정들은 우리의 인간성의 일부이며, 그 자체로 나쁜 것은 아니다. 이러한 감정들을 부정하거나 숨기려고 하는 것은 오히려 우리에게 더 큰 고통을 안겨줄 수 있다. 따라서 부정적 감정을 다루기 위해서는 자신의 마음속에 피어오르는 수치심, 죄책감, 심지어 분노, 타인을 향한 공격심과 같은 감정을 수용해야 한다.

마음챙김은 다양한 감정을 열린 마음으로 바라볼 수 있을 때 가능하다.

'가짜감정중독'

2017년 8월 방송된 MBC 스페셜 〈당신의 행복을 앗아가는, 가짜감정중독〉 편은 감정을 드러내지 않고 살아가는 사람들의 왜곡된 표현들을 보여준다. 화가 나는데 눈물부터 흐르는 사람, 슬픔을 화로 표현하는 사람, 두려움에 무반응하는 사람 등 자신의 진짜 감정이 무엇인지 모른 채 살고 있는 사람들을 두고 '가짜 감정에 중독된 상태'라고 진단했다.

다큐의 첫 번째 사례자는 두 자녀를 둔 엄마다. 그녀의 하루는 전쟁터와 같다. 마치 치열한 전쟁터를 지휘하는 장군처럼 여기저기 들쑤시며 화를 낸다. 겁을 먹은 아이들이 울음을 터트리고 난 이후에야 후회하지만, 결국 쳇바퀴 돌 듯 그녀의 '화풀이'는 계속된다. 놀랍게도 상담을 시작하자마자 눈물부터 흐르는 그녀의 진짜 감정은 '외로움'이었다. 고된 육아 전쟁터에서 말라가는 감정을 알아차리지 못한 채 '외로움'을 '화'라는 가짜 감정으로 표현해왔던 것이다.

두 번째 사례자는 감정을 느끼지 못한다고 말하는 무표정의 한 여성이다. 주변 사람들에게 많은 상처를 받아온 그녀는 매사에 무반응이다. 상처받고 싶지 않아 마음을 닫고 지내왔지만 사실 그녀의 진짜 감정은 누군가의 관심에 대한 '그리움'이었다.

'화'에 중독되고, '무감정'에 중독된 두 여성은 90일간의 '가짜감정 중독 치유 프로젝트'를 통해 자신의 감정을 읽고 받아들이는 훈련을 받았고, 결과적으로 완전히 변했다. 이렇듯 자신의 감정을 받아들이고 표현하는 것만으로도 인생이 달라질 수 있다. 화려하게 꾸미는 것보다 우선되어야 하는 게 자신의 감정을 정면으로 마주하는 것이다.

by. 손소망

감정일기 써보기

1. 제목 :
1) 사건: 감정의 원인인 사건을 구체적으로 작성해 보세요.

2) 생각: 사건 당시 내가 어떤 생각을 가지고 있었는지 작성해 보세요.

3) 감정: 감정카드를 통해 내 마음을 괴롭힌 감정을 찾아보세요.

4) 행동: 경험한 사건이 일어났을 때 나타난 나의 행동을 작성해 주세요.

5) 결과: 사건과 생각, 감정을 한 발짝 떨어진 상태로 사건을 바라보고
   정리된 감정을 다시 작성해 보세요.

1. 제목 :

1) 사건:

2) 생각:

3) 감정:

4) 행동:

5) 결과:

_____

2. 제목 :

1) 사건:

2) 생각:

3) 감정:

4) 행동:

5) 결과:

3) 평안한 현재를 살자

우울한 사람은 과거에 살고,

불안한 사람은 미래에 살고,

평안한 사람은 현재에 산다.

노자

모든 선택에는 용기가 필요하다. 결혼을 했는데 이혼을 하는 것, 오랜 꿈을 포기하는 것, 새로운 일을 시작하는 것, 아끼던 애착 이불을 버리는 것, 그 사람과의 사진을 찢어버리는 것, 먼저 사과하는 것, 숨겨둔 비밀을 고백하는 것…. 〈알아두면 쓸데없는 신비한 잡학사전〉에 출연해 높은 인기를 얻게 된 뇌과학자 정재승 교수가 "사람은 하루 평균 150번의 선택을 한다."라고 말했다. 다시 말해 우리는 선택해야 하는 모든 순간에 용기를 낸다. 무엇 하나 '쉬운' 선택은 없고 용기의 무게를 견뎌 냈다는 증명이다.

나 또한 남들이 말하는 실패를 많이 경험했다. 전공을 살려 입사했지만 오래 일하지 못했고 첫 번째 결혼은 실패로 끝났다. 새 삶을 꿈꾸며 두 번째 결혼을 했고 '노키즈존'만 찾아다니던 내가 임신을 했다. 그래서 준비하던 사업은 흐지부지 끝이 났다.

삶의 크고 작은 사건들을 경험했지만 크게 좌절했던 적은 없었다. 첫 직장에서 퇴사하고 빨리 퇴사해서 다행이라 생각했고, 이혼할 때는 속이 후련했다. 사랑하는 남편의 아이를 갖게 되니 기뻤다. 임신과 동시에 내가 좋아하던 '일', '운동', '술'은 다 못하게 되어 심심해지자 공부를 시작했다. 덕분에 강의 기회도 얻을 수 있었고, 내 인생에는 없을 것만 같았던 '선생님'이라는 명함도 얻었다. 출산 후 자유로운 활동이 불가능해지면서 책을 쓰기 시작했다.

나는 그 실패들에 얽매여 있지 않았다. 오히려 현재에 집중하는 발전적인 인생을 살려고 노력했다. 세상을 밝게만 바라보는 낙천적인 성격 덕분이 아니다. 어두운 순간에도 나는 살아 있기 때문이다. 나는 지금 내가 할 수 있는 것을 할 뿐이다.

남편이 다니는 직장이 한 달간 셧다운이 결정된 적이
있었다. 남편의 걱정을 덜어주고자 졸업 시즌을 이용해
학교 앞에서 꽃다발을 판매했다. 매일 '3만 원짜리 꽃다
발을 10다발을 팔면 하루 30만 원을 벌 수 있겠구나.'라
는 계산에서 시작된 어쩌면 무모한 도전이었다.

꽃을 팔러 나간 첫날, 놀랍게도 품절이었다. 계속 대박
행진일 거라 생각했고 온갖 꽃을 다 주문했다. 당연히 쪽
박이었다. 적자가 계속된 일주일을 돌아보면서 상념에
빠졌다. 그러나 그 과정 속에서 노하우를 발견해 낼 수
있었다.

꽃을 테이블에 장식해 두기보다 손에 들고 판매하는
것이 판매율이 높다는 것을 알고 나는 손이 얼지 않게 장
갑을 꼈다. 기분 좋은 하루의 시작을 위해 집을 나서며
사 먹던 커피 한 잔, 그 돈마저 아끼려 커피를 보온병에
담아 집을 나섰다. 나는 적자를 메꾸는 장사를 했지만 돈
을 벌기 위함보다 그 일에 집중하는 '나'를 아끼며 그 시

간을 진심으로 사용하고 있었다.

'카르페디엠'은 현재를 즐기라는 말로 〈죽은 시인의 사회〉 영화 속 키팅 선생이 학생들에게 이 말을 외치며 우리에게 익숙해진 용어이다. 파급력이 대단했던 이 명대사는 당시 학생들에게 미래를 위한 공부는 때려치우고 현재를 즐기자는 메시지로 퍼지게 되며 큰 인기를 누렸다.

하지만 카르페디엠은 모든 것을 내려놓고 현재 지금 이 순간을 즐기는 것이 아니라, 하루를 온전히 내 것으로 만드는 것이라는 뜻이 담겨있다. 지금 이 책을 읽고 있는 독자 역시 이 구절을 읽으면서도 '요만큼 다 읽으면 설거지 해야지.', '그리고 보니 내일 약속 때는 무슨 옷을 입지?', '어제 그 아이는 왜 그런 말을 했을까?' 끊임없는 생각으로 지금만의 순간을 잃고 있지는 않았는가? 오늘 하루를 온전히 내 것으로 만드는 것은 지금 순간에 집중하는 것이다.

마음챙김에 근거한 불안과 공황 치료를 전문하는 미국 하버드대 임상심리학자 크리스토퍼 거머$^{Christopher Germer}$는 효과적인 행동은 상황을 명확하게 보는 데서 시작되며,

그러기 위해서는 마음챙김으로 현재에 집중해야 한다 말한다.[1]

하지만 우리는 지난 과거를 곱씹고 미래를 두려워하며 실제하는 현재를 놓친 채 허구의 시간들로 머리 속을 채운다. 마음챙김은 현재에 집중하며 그 집중이 지속되도록 도와주어 상황을 조금 더 명확하게 볼 수 있도록 한다.

하버드대학의 심리학자 매튜 킬즈워스^{Matthew Killingsworth}와 다니엘 길버트^{Daniel Gilbert}는 아이폰 어플을 활용해 행복을 실시간 추적하는 연구를 실시했다.[2] 총 15,000명이 어플을 다운받아 실험에 참여하였고 교육 수준, 연봉, 결혼여부, 나이, 직업, 국적 등에 관계없이 자료를 수집하였다. 연구는 '지금 기분이 어떤가요?', '무슨 일을 하고 있었나요?', '혹시 딴생각하고 있었나요?'와 같은 세 가지 질문을 하루 무작위인 시간대에 어플로 알림을 보낸 후 참여자의 답변으로 행복을 측정하였다. 오랜 시간 연구 끝에 65만 개 이상의 행복 데이터를 수집한 결과, 사람들은 어떤 일(독서, 집안일, 회사일, 샤워, 운전 등)을 하든 상관없이 그 일을 실천하는 것보다 그 일에 집중했을 때 더 행복함을 느꼈으며, 그 일을 하는 도중 30% 이상은 딴 생각을 한다는 사실을 알 수 있었다. 연구 결과는 대단한 일이 아니더라도 단순히 현재에 집중하는 것만으로 행복할 수 있다는 사실을 보여준다. 하지만 우리는 딴 생각으로 행복할 수 있는 시간 중 하루의 30% 이상을 흘려보내고 있다.

육아휴직 기간을 보내고 있는 나의 친언니는 아직 바닥을 기어다니는 3명의 아기와 함께 살고 있다. 언니는 정신없는 하루 중 따뜻한 물로 젖병을 씻을 때가 가장 행복하다고 한다. 경력단절에 대한 불안으로 매일 로또라는 일확천금을 꿈꾸며 많은 시간을 보내지만, 젖병을 씻는 그 시간만큼은 잡생각이 들지 않고 따뜻한 물로 온천을 하는 기분이라고 했다.

이렇듯 로또에 당첨된 모습을 상상하며 허비하는 시간보다 현재의 젖병에 집중하는 것이 오히려 우리를 더 행복하게 만든다. 우리는 현재에 집중하기만 해도 더 행복해질 수 있다.

나는 여러 가지 생각들로 머리가 복잡할 때는 산책을 한다. 생각이 깊어질수록 더 많은 경우의 수를 상상하며 암흑으로 빠져들어 간다고 느끼면 운동화부터 신는 것이 어느새 습관이 되었다. 내가 산책을 즐기는 이유는 걷는 그 시간만큼은 딴생각을 하지 않기 때문이다. 산책을 하면서 눈에 들어오는 풍경과 귀에 닿는 소리를 있는 그대로 받아들이며 걸음걸음에 집중하다 보면 어느새 잡념과 고민이 사라져 있다. 불교언론 〈법보신문〉에서 자목스님은 산책은 명상이며 짧지만 내면의 나를 만나는 시간이자 마음을 환기하고 해결책을 찾는 시간이라 말했다.

이런 명상의 효과는 과학적이다. 미국 메사추세츠대학 의과대학 명예교수 존 카밧진[Jon Kabat-Zinn]이 1979년 '마음챙김 기반 스트레스감소법[MBSR]'을 개발한 이후 과학의 영역에 들어와 스트레스 감소, 감정조절, 노화, 우울과 불안, 만성통증 등 많은 부분에 긍정적인 효과가 있음을 입증해왔다.[3] 이러한 명상의 효과는 뇌 회백질의 변화에 의해 일어난다. 회백질은 뇌의 정보를 처리하는 부위이며 명상은 회백질을 두껍게 유지하고, 위축 현상을 방지한다.

마음의 품격, 자기자비 심리학

회백질이 두껍다는 것은 뇌의 발달이 우수하여 기능을 잘한다고 볼 수 있다.

실제 명상을 하는 사람들이 명상을 하지 않는 사람들보다 회백질의 부피가 크고 두께가 더 두꺼웠으며, 나이가 들며 줄어드는 회백질 감소 역시 적은 것으로 보였다. 2010년 브리타 홀젤Britta Holzel박사와 그의 동료들은 명상 경험이 전혀 없는 16명을 대상으로 마음챙김 기반 스트레스감소MBSR프로그램을 통해 뇌 회백질 변화 연구를 실시하였다.[4] 그들은 참여자들에게 MBSR프로그램을 8주 동안 참여하게 하고, 프로그램 참여 전후의 뇌 회백질 농도를 해부학적 자기공명MR이미지를 통해 분석했다. 그 결과 회백질 밀도가 증가했다. 명상 경험이 없던 사람이 명상을 하게 되었을 때에도 학습 능력과 기억력이 높아지며, 감정조절, 공감, 자기참조 처리 및 관점 수용에 긍정적인 변화가 있음을 확인했다.

행복해지기 위해 가장 먼저 해야 할 건 현재에 집중하는 것이다. 말처럼 쉽지 않을 것이다. 그래도 노력하자.

자기자비는 충분히 발전할 수 있는 기술이기 때문이다.

설거지하고 있는 자신에게 집중해 보자. 쏟아지는 물소리에 기분이 좋아질 수 있다. 차가운 물방울에 기분이 전환될 수 있다. 아무 일도 일어나지 않는, 그저 평온한 일상 속 한 장면을 만끽한다면 충분히 행복할 수 있다. 삶에 의미 없는 순간은 없으니까.

by. 손소망

4) 내 단점이 뭐가 어때서?

　　고백하건대 나는 단점이 많다. 수술을 세 번이나 했는데도 고쳐지지 않을 정도로 비염이 심하고, 그래서 생긴 중이염 때문에 중저음의 목소리는 잘 듣지 못한다. 선택적 기억력 때문에 사소하게 여겨지는 것들은 전혀 기억이 나지 않는다. 발도 너무 작아서 하루에 두 번은 꼭 넘어진다. 성격적으로도 단점이 많다. 매사에 의욕적이고 열정적이라 좀 거칠다. 모든 일과 사람에게 쉽게 마음을 열고 곁을 내어주는데, 한번 아니다 싶으면 끝까지 아니다. 당연히 오해가 많다. 수시로 훌쩍거리니까 감기를 달고 사는 사람처럼 보인다. 못 알아들어서 자기를 무시하는 줄 안다. 거칠어 보여서 싸가지 없어 보인다. 마음의 문을 닫는 순간 꽁꽁 언 얼음장보다도 차갑다.

지금이야 이렇게 내 단점을 적나라하게 말할 수 있게
됐지만, 내가 이런 사람이라는 걸 알아차리는 데까지 꽤
많은 시간이 걸렸다. '나는 그런 사람이 아니야', '니가 날
뭘 알아?'라고 바득바득 거렸다. 이런 날카로운 행동이
나의 단점을 더 부각시키는 건 줄도 모른 채 말이다.

단점이 그저 다른 점에 불과하다는 걸 알게 된 건 그리
오래되지 않았다. 있는 그대로를 받아들이고 수용하자
단점처럼 느껴지지 않았다. 내가 아무렇지 않게 이야기
하자 사람들도 그것들을 단점으로 생각하지 않았다. 나
는 그저 그런 사람일 뿐이다.

다시 말하지만 인간은 모두가 단점을 가지고 있다. 이
러한 단점에 고립되어 발전하지 못하는 사람이 많다. 하
지만 우리는 그들과 다르다. 스스로 단점을 인정할 줄 아
는 진정한 어른이다. 우리는 완벽한 존재가 아니며, 결
함과 부족함을 가지고 있다. 이러한 단점을 부정하거나
숨기려고 하는 것은 오히려 발전의 장애물이 될 수 있다
는 것을 기억하자. 단점을 부정하고 감추려는 태도는 우
리를 방어적인 자세로 몰고 갈 뿐 아니라, 성장과 발전을

억누를 수도 있다.

　실제로 인간은 자신이 장점뿐만 아니라 단점도 지니고 있음을 인정하고 이에 대해 긍정하는 과정을 거치며 심리적으로 성장할 수 있는 토대를 마련한다는 연구 결과가 있다. 자신의 단점을 있는 그대로 수용함으로써 진정한 자아를 찾아갈 수 있다는 사실을 검증했다. 장점이든 단점이든 자기를 있는 그대로 받아들이는 것이야말로 자신의 단점을 극복하기 위한 첫걸음이다.

　우리나라 각 지역에 위치한 대학교 중 6개 학교를 선정해 재학 중인 학생을 대상으로 연구한 결과 자기에 대한 수용이 높을수록 공격적, 적극적, 회피적 영역에서 대처 능력이 높게 나타났다. 여학생과 남학생 모두 동일한 결과였다. 자존감의 영향과 관계없이 무조건적 자기수용이 높을수록 적극적으로 대처한다고 한다.[1]

　자신의 단점을 적극적으로 극복해 성공한 대표적 사례가 있다. 누구나 다 아는 알베르트 아인슈타인과 빈센트 반 고흐다. 식상할 수 있을 만큼 많이 들어봤을 것이다.

아인슈타인은 생애 처음 3년 동안 말을 하지 않았다. 초등학교 시절, 많은 선생님이 그를 게으르다고 생각했지만, 그는 이러한 부정적인 시선을 뛰어넘어 광전효과와 상대성 이론을 정립한 인류 역사상 가장 위대한 과학자가 되었다. 반 고흐는 생전 자신의 성격적 문제를 잘 알고 있었으며, 내성적인 성격, 외모, 옷차림, 말투 등으로 인해 고민이 많았었다고 한다. 그러나 자신의 단점과 정신적 고통을 예술로 승화시켰다. 자신의 내면세계와 감정을 그림으로 표현했고, 현대에 이르러 그 가치를 인정받아 지금은 세계에서 가장 유명한 화가 중 한 명으로 기억되고 있다. 내가 단점이라고 여기는 나의 특성은 인생에서 큰 시련을 주기도 한다. 하지만 동시에 그 단점을 극복하는 과정 자체가 성장할 수 있는 중요한 기회가 되기도 한다.

자신을 있는 그대로 받아들이는 자기수용은 자기자비와도 밀접한 관련이 있다. 자기에게 자비로운 태도를 가지는 것은 결국 자신에 대한 수용을 기반으로 하기 때문이다. 특히 자기자비의 마음챙김은 주의, 알아차림, 비판단을 바탕으로 심리적 수용을 촉진한다. 이런 마음챙김을 통해 우리가 '단점'으로 딱지 붙인 것이 부정적으로 판단한 단지 하나의 특성이라는 사실을 알아차릴 수 있게 된다. 그러면 단점을 더 이상 '단점'이 아닌 나의 일부분으로 받아들일 수 있게 된다.

단점을 받아들이는 것을 단순히 자신의 모든 면을 있는 그대로 수용하라는 말은 아니다. 단점을 받아들이는 것은 자기 인식의 변화와 함께 발전적인 생각으로 진화하는 과정의 일부다. 우리의 타고난 성향을 인정하고, 자기 사랑과 존중의 기반을 다지는 것이다. 이를 바탕으로 우리는 자신의 타고난 단점이라고 생각했던 것을 자신의 일부라고 여기고 극복할 수 있다. 이는 더 나아가 한 단계 성장할 수 있는 동기가 되기도 한다.

하지만, 자신의 단점을 있는 그대로 수용하고 발전적으로 활용하기 위해서는 우선 자기 인식을 개선할 필요가 있다. 단점을 단점이라고 생각하지 않고, 이를 활용할 수 있는 방법에 초점을 맞추어야 한다. 긍정적이고 유의미한 결과를 만들어내기 위해서는 단점을 적극적으로 활용해야 하고, 또 꾸준히 발상을 전환하는 방법을 연습해야 한다.

어린이 그림책『백수 라이언, 마침내 직업을 찾다』에 그 과정이 재미있게 담겨있다. 자신의 처지를 비관해 매일 모자를 쓰고 다닌 대머리 라이언이 자신의 단점을 활용해 가발 사업에 도전해 성공한다는 이야기다. 가발을 만들긴 했지만 잘 팔리지 않자 당당히 나서 가발을 시범 착용함으로써 더 큰 이익을 만들어냈다는 이야기는 도전 정신과 동시에 단점 극복의 아주 적절한 사례라 할 수 있다.

단점을 받아들이고 발전적으로 진화하는 것은 쉬운 일이 아니다. 그러나 단점을 부정하거나 피하려는 것보다는 단점을 받아들이고 이를 극복하며 발전하는 것이 우리의 성장과 성공에 도움을 줄 수 있을 것이다.

쓸모없는 경험은 없다. 미끄러질까 봐 계단을 못 오르는 것보단 미끄러진 곳을 다시 밟지 않고 끝까지 올라가는 게 더 중요하다. 실패는 성공의 어머니라는 말이 괜히 있는 게 아니니까. 누구나 시행착오를 겪으며 성장하는 법이다.

거친 바람에도 끄떡없는 나무의 뿌리가 깊을까. 바람이 불면 부는 대로 흔들리는 나무의 뿌리가 깊을까.

덕선스님이 『덕선스님의 강의 노트 바다찾기』란 책에서 이런 말씀을 하셨다.[2]

"바람이 불면 바다는 바람 부는 만큼 흔들리고 있으면된다. 바람이 불면 민들레 꽃씨는 바람 속에서 그냥 그대로 있으면 된다. 바람이 불면 부는 대로 그냥 날아가 버리면 된다. 때로는 병신 으바리 사촌같이, 천치 같아도된다."

중요한 건 내가 어떤 상황에 놓이던 평정심을 잃지 않으면 된다는 거다. 뿌리 깊은 나무처럼.

by. 이예지

발상 전환 : 단점이 아닌 '나의 특별함'

1. 자신이 단점이라고 생각하는 특성 나열하기

   내가 생각하는 나의 단점을 적어봅시다.

   _____

   _____

   _____

   _____

   _____

2. 자신의 단점이 유용했던 경우 떠올리기

  단점이 의외로 유용했던 경험에 대해서 경험에 대해서 적어봅시다.

  _____

  _____

  _____

  _____

  _____

3. '단점' 꼬리표 바꾸기 : 나의 '특별함'

'단점'이 아닌 긍정적인 이름표를 붙여 봅시다.

_____

_____

_____

_____

_____

4. 나의 '특별함' 활용 방안 생각해 보기

나의 특별함을 적극적으로 활용할 수 있는 방법을 생각해 봅시다.

_____

_____

_____

_____

_____

5) 뾰족한 타인에게서 나를 지키는 방법

가스라이팅은 정신적으로 상대방을 조종하기 위해 의도적으로 잘못된 정보를 제공하거나 혼란스러운 상황을 조성하는 행위를 말한다. 주로 대인 관계에서 사용되며, 가해자는 상대방의 자신감을 훼손하고 혼란을 야기해 상대방을 자신의 의지대로 조종하거나 제어하려고 한다. 가스라이팅은 말로 하는 거짓말, 혼란스러운 정보 제공, 상대방의 기억을 왜곡하는 등의 방법으로 이루어질 수 있다. 정서적으로 피해자를 상처 입히고, 자존감을 훼손시키며, 정신적으로 혼란을 초래할 수 있다.

가스라이팅 이론은 2008년 미국의 심리학자 스턴[Stern]에 의해서 정의됐다. 스턴[Stern]은 1944년 영화 〈가스등[Gaslight]〉에서 남편 그레고리[Gregory]가 아내인 폴라[Paula]의 유산을 빼앗기 위해 그녀에게 책임을 전가하고 비난하여 스스로를 병들고 약한 존재로 세뇌시킨 후, 그녀가 현실감을 상실하게 만드는 내용에서 착안했다. 그리고 가스라이팅으로부터 고통받는 상황을 영화 〈가스등Gaslight〉의 이름에 착안하여 '가스라이트 이펙트Gaslight Effect'라고 명명했다. 스턴Stern은 피해자가 스스로 취약한 심리 상태를 인지하고 심리적 성숙을 일궈 가해자의 영향력에서 벗어나야 한다고 주장하면서도, 현실적인 방법이 없다고 말했다. [1]

배우 박민영, 나인우, 송하윤, 이이경 주연의 드라마 〈내 남편과 결혼해줘〉는 가스라이팅의 위험과 극복 방법에 대해 잘 다루고 있는 작품이다. 박민영을 향한 송하윤의 가스라이팅 대화법이 분노를 일으키는데, 자신이 가스라이팅 당하고 있다는 사실을 깨달은 후의 박민영의 대처가 인상적이다.

"우리 지원이, 잘 좀 챙겨주세요. 손이 얼마나 많이 가는지 몰라요. 서울로 대학 간다고 그래서 많이 서운했는데, 그때도 친구도 못 사귀고 맨날 도서관에 있는 바람에, 제가 서울이랑 부산 왕복을 했지 뭐예요."라고 말하는 송하윤에 대한 박민영의 방어력이 대단하다.

절친에게 살해당한 후 10년 전으로 회귀해 두 번째 삶을 시작한 그녀는 스스로 가스라이팅을 이겨내고, 오히려 이러한 말버릇을 되로 갚는다. 다시 말해 스턴^{Stern}이 주장한 '스스로 인지하고 가해자에게서 벗어나기'를 실천한 셈이다. 이렇듯 우리는 자신을 인정하고 수용할 때만이 남에게 의지하지 않을 수 있으며, 결과적으로는 가스라이팅으로부터 자신을 지킬 수 있다.

놀랍게도 이러한 가스라이팅이 우리 주변에서도 심심찮게 일어나고 있다. 나도 당했으니까 말이다.

직장 내에서 오해로 인해 발생한 이슈 때문에 힘들어했을 때였다. 실타래를 풀려고 해도 자꾸만 엉키는 탓에 심리적으로 많이 위축되어 있었다. 입맛도 없었고, 기운도 없었고, 의지도 없었다. 그때 내 곁을 지나가던 후배는 괴로워하는 나에게 이렇게 말했다.

"선배, 그렇게 된 이유가 과연 오해 때문일까요?"

상황이 악화된 것이 오해가 아니라 내 잘못이라는 뉘앙스였다. 충격이었다. 그 말을 듣고 난 후 꽤 오랫동안 자책감에 시달렸었다. 나의 잘못이 아니라 오해가 만들어낸 사건이라는 걸 인지하고 죄책감에서 벗어날 때까지 살이 3kg이 빠졌다. 원치 않던 다이어트였다.

비슷한 일화는 강사가 된 후에도 있었다. 즐겁게 강의를 마친 후, 기업의 교육 담당자로부터 '너무 재미있었고 유익했다.'는 평가를 받았다. 그런 나에게 누군가 다가왔다. 왠지, 인상도, 관상도, 말투도 친절하지 않았던 그녀. 교육 운영자다.

"아까, 저~쪽에 앉아 있던 분이 강사님 강의를 안 듣던데요? 저는 재미있었는데….."

자신의 의견이 아닌 타인의 의견인 것처럼 말하는 가스라이팅 화법이다. 사촌이 땅을 사면 배가 아프다고 했다. 처음 보는 강사가 인정받는 걸 보니 배가 아팠던 운영자는 나를 뒤흔들 요량으로 가스라이팅했다.

사람들과의 관계에서 비롯되는 일들은 많이 힘들다. 특히나 뾰족하게 날 선 사람들과 함께하는 건 더 힘들다. 가스라이팅 밖에 할 수 없는 가엾은 사람들로부터 나를 지킬 수 있는 방법은 없을까. 사람들의 차가운 말에서 벗어나 나의 온기를 지킬 수 있는 건 결국 마음챙김이다. 현재의 감각과 사건을 있는 그대로 바라보고, 수용하면 된다.

회사 내에서 발생한 이슈를 객관적으로 바라보고, 그 안에서 자신의 역할을 인지하면 된다. 교육생과 담당자의 평가에 연연하지 않고, 스스로 강의가 어땠는지를 복기해보고 수용하면 된다.

살이 쭉쭉 빠지고 있을 때, 친한 선배가 해주었던 말이 생각난다.

"너를 잘 알지도 못하는 사람들의 말에 휘둘리지 마."

나는 왜 이 말을 그제야 들었던 걸까. 조금만 더 빨리 듣고 깨우쳤다면 쉽게 살았을 수도 있는데 말이다. '지나친 열정이 그렇게 보일 수도 있겠구나'라고 인정하고 나니 마음이 한결 가볍다.

사람들은 당신을 잘 모른다. 당신과 어설픈 관계를 맺고 있는 사람은 더더욱 당신을 모른다. 당신도 당신 자신을 잘 모르지 않나. 그러니 당신을 잘 모르는 사람들의 시시콜콜한 차가운 말에 연연하지 말자. 상처받고 아파할 시간도 아깝다.

by. 이예지

1. 계곡 살인 사건

2022년 한 여성은 정상적이지 않은 혼인 관계를 맺은 남성으로부터 8~9년간 경제적인 가스라이팅으로 인해 살해당했다. 오랜 가스라이팅을 당하며 판단 능력을 상실한 여성은 수영을 할 줄도 모르면서도 스스로 물로 뛰어든 선택을 강요당했고, 이는 가스라이팅에 의한 살인죄가 성립되었던 사건이다.

2. 전 충남지사 성폭력 사건

직장 내 가스라이팅 사례로, 이 사건은 가해자가 물리적 강압을 동원하지 않고도 심리적으로 피해자를 통제하는 위력에 의한 성폭력 사건이다. 이 가스라이팅의 핵심은 피해자가 스스로보다 가해자를 믿는 것이다. 자신을 성폭행한 사람이 우상과 같은 사람이라면 성폭행을 당하고서도 가해자를 적으로 만드는 게 너무 힘들었을 거라고 전문가는 이야기한다. 결국 자신이 경험한 피해가 사실일까, 피해이긴 한 걸까 끝없이 자신을 의심한다.

3. 가족 간의 가스라이팅

가족 간의 가스라이팅 사례는 누구라도 한 번은 경험해 보지 않았을까? "너 때문에 산다.", "나만큼 너 생각하는 사람 없다."와 같은 과도한 사랑 표현은 자녀를 완전한 '나'로 살아가지 못하게 한다. 이러한 부모의 태도는 자녀의 욕구를 철저히 억압하여, 자신이 원하는 것은 부모를 슬프게 하는 것, 부모가 좋아하는 것을 하는 것이 착한 아이라 생각하며, 자신만의 판단력을 흐리게 만든다.

4. 무속인 부부 사건

19년 가까이 심리적·육체적으로 지배당한 일가족이 무속인들의 지시에 따라 서로를 장기간 폭행·성폭행하고 수억 원에 달하는 돈까지 빼앗긴 사건이다. 사건의 피해자는 남편과 사별한 뒤 무속인에게 심리적으로 의존해 왔고, 이를 이용한 무속인은 일가족을 철저히 통제하기 이른다. 각각의 휴대전화에 위치추적 앱을 설치 및 집 안에 수십 대의 CCTV를 설치하기도 했다.

6) 그랬기에 지금의 내가 있다

실패는 우리 삶에서 불가피한 과정이다. 우리가 무엇을 성취하고자 할 때, 실패는 피할 수 없는 동반자다. 실패는 하나의 과정일 뿐이고, 그것을 받아들여야 우리가 원하는 삶의 모습에 가까워질 수 있다. 여기서 실패를 극복하기 위해 중요한 점은 실패를 바라보는 우리의 태도다. 실패를 두려워하지 않는 것, 실패하는 과정 속에서 배우고 성장하려는 마음가짐을 갖는 것. 그것이 실패를 성공으로 바꾸기 위해 중요한 태도다.

우리는 모두 실패하고 일어서는 과정을 겪고 있다. 성공한 사람들도 결코 한 번도 실패해 보지 않은 사람은 없을 것이다. 지금 실패했다고 느끼고 있나? 그것은 성공으로 가는 과정에 있다는 것을 의미한다. 이 과정의 끝에 성공이 있을 것이다.

이러한 의미를 반영한 이론이 건설적 실패 Constructive failure 다. 건설적 실패 이론에서는 실패 경험이 오히려 개인의 의욕을 북돋우고 보다 적극적으로 행동하게 하여, 결과 적으로는 건설적인 효과를 가져올 수 있다고 주장한다.[1] 이는 실패를 극복함으로써, 또다시 실패하지 않기 위해 노력하는 경향이 증가한다는 것을 말한다.

실패내성 Failure tolerance 이론도 있다. 실패내성은 실패 결과에 대해 건설적 태도로 반응하는 특성으로, 개인이 실패를 대처해 온 행동양식에 따라 서서히 형성되는 특성이다. 이론에 따르면 실패내성이 높을수록 실패의 건설적인 효과가 커진다. 때문에 실패 후에 무기력해지느냐 건설적으로 대처하느냐를 예측할 수 있는 중요한 지표가 되기도 한다.[2]

나 역시 지나온 시간 동안 수많은 도전과 실패를 거듭했다.

육아를 이유로 잘 다니던 회사를 그만두었을 때의 좌절감과 상실감은 이루 말할 수 없었다. 그간의 노력이 헛수고인 것 같았고 그래서 실패한 인생 같았다. 육아 스트레스를 해소할 겸 유튜브에 도전했다. 9개월 만에 4만 명의 구독자를 모았다. 운이 좋았고 타이밍이 좋았다. 그렇게 나는 성공 가도를 달려가고 있었다.

하지만 후회스럽게도 더 많은 구독자를 모아볼 욕심 때문에 실패했다. 향후 어떤 일이 벌어질지 리스크를 생각하지 못했고, 그래서 불특정 다수의 표적이 됐다. 혐오스러운 댓글이 수천 개씩 달렸고, 메일함은 협박성 메시지로 가득 찼다. 결국 가족들의 성화에 유튜브 문을 닫을 수밖에 없었다. 잘해보려고 했고 잘하고 싶었던 내 인생의 두 번째 좌절이었다.

실패라는 경험과 기억은 지금의 나를 있게 하는 원동력이다. 기자로 일하며 배웠던 콘텐츠 개발 역량과 유튜버로 활동하며 키워온 재미있게 말하는 역량이 강의 현장에서 여실히 발휘되고 있기 때문이다. 세상에 쓸모없는 경험은 없고, 한 번도 실패해 보지 않은 사람은 더욱 없다는 사실을 절감하고 있는 요즘이다. 실패와 일어서기의 과정은 나뿐만 아니라 모든 사람이 똑같이 하고 있다. 아마 당신도 당신의 실패 경험이 지금의 당신을 만들었을 것이다.

그러니까 적극적으로 실패하자.

처음으로 뒤집었던 날을 기억하느냐고 묻고 싶다. 태어나서 몇 달을 누워만 지내다가 몸을 뒤집어 세상을 똑바로 바라보던 그날을 기억하느냐는 말이다. 사람이라면 누구나 이뤄냈을 뒤집기 순간을 기억하는 사람은 아무도 없을 것이다. 놀랍게도 갓 태어난 아기가 스스로 몸을 뒤집을 때까지 약 6만 번의 이미지 트레이닝을 한다고 한다. 오른쪽으로 돌아볼까, 왼쪽으로 돌아볼까. 수만 번을 되뇌며 연습한다고 한다. 그렇게 연습했는데도 우리는 수십 번 수백 번 수만 번 실패하고 넘어졌다.

무너진 자리에서 일어나 성공하면 신화가 된다. 그러

나 그 자리에 계속 주저앉아 있으면 결국 실패다. 성공신화를 만들어내느냐, 실패한 인생으로 사느냐. 선택은 자유지만 이것만은 잊지 말자.

당신은 수만 번의 실패 끝에 뒤집기에 성공한 대단한 사람이다.

by. 이예지

마음챙김

1. 나의 마음을 힘들게 하는 사건이 있었나요? 아니면 오늘 하루 힘든 일
   이 있었나요?

   _____

   _____

   _____

   _____

   _____

2. 떠올렸던 부정적인 사건에 대해 비난하거나 판단하지 말고, 균형 있고 비판단적인 관점으로 바라보세요. 사건에 대해 생각이나 감정을 과장하거나, 부정적 감정에 사로잡히지 않습니다. 동시에 부정적이고 고통스러운 생각이나 감정을 피하지 않고 바라봅니다. 이때 내가 하고 있는 생각들을 글로 적어 정리해 봅시다.

마음의 품격, 자기자비 심리학

3. 생각에 따라 기분이 달라지거나 호흡 등 신체감각이 변화함을 느낄 수 있습니다. 심호흡을 크게 하며 느껴지는 다양한 감각과 감정들이 그저 현재 일어나는 순간의 경험임을 알고, 그 감각과 감정들과 떨어져서 관찰합니다. 이런 감정과 느낌을 있는 그대로 수용합니다.

   방금 변화하는 신체감각과 내면의 부정적인 감정과 한 발 떨어져서 객관적으로 바라볼 때 기분은 어땠나요? 이때 경험한 감정과 느낌들에 대해 판단하지 않고 수용적인 태도로 있는 그대로 써주세요.

   _____

   _____

   _____

   _____

   _____

Q&A 자기자비에 대한 오해 바로 알기

자기자비에 대해서 알고 있는 사람이 몇이나 될까. 수많은 심리학적 이론이 쏟아지고 있는 지금, 자기자비를 다른 개념과 헷갈리는 사람이 많다. 그래서 자기자비에 대한 다양한 오해들에 대해서 정리해 봤다.[1,2]

Q1. 자기자비를 실천하면 막 살게 된다?

A 자신이 하는 모든 행동을 무조건적으로 허용하는 게 자기자비라고 오해하는 사람들이 있다.

심리학에서는 쾌락만 추구하여 궁극적인 자신의 안녕을 해치는 이런 행동을 자기 방종 self-indulgence 이라고 한다. 자기자비와 자기 방종은 엄연히 다르다.

진심으로 아끼고 사랑하는 사람이 도박이나 술에 빠져 살고 있다고 생각해 보자. 과연 '잘했어! 정말 잘하고 있어.'라고 말해 줄 수 있을까?

아니다. 그 사람을 걱정하고 그 사람이 더 건강한 방향으로 살아갈 수 있게 도와줄 것이다.

하물며 그 상대가 자신이라면 어떨까? 가장 사랑하는 나 자신이 망

가지는 걸 원하는 사람은 아무도 없다. 자기자비를 통해 자신을 있는 그대로를 받아들인다고 해서 아무렇게나 살게 되지는 않는다는 말이다.

정말로 어떤 행동을 변화시키고 싶은가. 그렇다면 그 행동을 하는 자신을 이해하고 용서할 필요가 있다. 설령 지금 핸드폰만 붙잡고 있다 하더라도 "괜찮아. 내가 지금 이걸 하고 싶은가 보다."라고 이해하고 인정할 때 변화가 생겨난다. 이를 '변화의 역설'이라고 한다. 있는 그대로의 자신을 수용하고 인정할 때 변화가 시작된다는 아이러니한 우리의 심리를 보여주는 개념이다.

술을 너무 많이 마시거나, 휴대폰을 중독적으로 하거나, 다이어트를 결심했음에도 치킨 앞에서 무너질 때…. 그 순간 '내가 너무 힘들었구나. 내가 불안했구나. 내가 나에 대한 비난으로 너무 위축돼 있어서 힘들었구나. 그래서 이것밖에 할 수 없었겠구나.'라고 말해보자.

바로, 자신을 향한 이 친절한 태도가 당신을 변화로 이끌어 줄 시작점이다.

Q2. 나에게 자비로운 사람은 이기적인 사람이다?

A 자기자비는 모두가 자신의 인생에서 각자의 전쟁을 치르고 있다는 사실을 깨닫게 해준다. 자기자비는 나만 고통스러운 게 아니라 남도 고통스럽다는 걸 인정하기 때문에 오히려 고통스러운 상황에서도 타인을 이해하고 친절을 베풀 수 있는 태도를 가지게 된다. 실제로 네프[Neff]와 포미에[Pommier]의 연구에 따르면 자기자비가 높으면 자기자비를 통해 자신만큼이나 다른 사람에게도 쉽게 공감할 수 있게 된다고 한다. 이는 다른 사람을 적극적으로 돕는 이타적 행동으로 이어져 원만한 대인관계를 형성하는 것으로 나타났다.[3]

이번엔 뇌과학적 관점에서 살펴보자. 우리의 뇌는 자신에 대한 정보를 처리하는 과정과 타인에 대한 정보를 처리하는 과정이 매우 밀접하게 연결되어 있다. 따라서 나한테 엄격한 사람은 남한테도 엄격하고, 나한테 친절한 사람은 남한테도 친절한 태도를 보인다. 따라서 자기자비가 높은 사람들이 자신에게 친절한 만큼 타인에게도 잘해줄 수 있는 것이다.

힘든 시기를 마주쳤을 때 자기가 자기의 정서를 돌보지 못하면 가장 가까운 사람부터 점점 병들어 간다. 내 마음이 아프면 타인에게도 친절하게 대할 수 없기 때문이다. 내가 나한테 친절하고 건강한 마음을 가지고 있을 때 비로소 남들에게도 좋은 사람이 될 수 있다. 자기자비가 높은 사람일수록 타인과 긍정적인 관계를 맺는다는 연구 결과가 이 사실을 확인해 주고 있다.

만약 당신이 타인과 관계 맺는 게 어렵게 느껴진다면 자신과 좋은 관계를 먼저 맺도록 노력하는 것이 필요하다. 지금보다 수용적이고 허용적인 마인드로 변해 유연한 인간관계가 가능해질 것이다.

Q3. 자기에게 자비로운 사람은 강하지 못하다?

A 고통을 회피하는 사람들이 더 강한 사람일까? 아니면 고통을 수용하는 사람들이 더 강한 사람일까?

자기자비를 다루는 많은 연구에서 고통을 수용하는 사람들의 마인드가 더 강한 것으로 나타났다. 실제로 자기자비가 높은 사람들이 이혼이나 트라우마, 만성 통증 등 다양한 삶의 역경을 더 잘 극복하고 대처한다고 한다.

또한 자기자비는 타인의 평가보다는 자신의 내적 기준에 초점을 맞출 수 있도록 해준다.

다른 사람의 평가에 예민하다는 것은 내면이 약하다는 뜻이다.

자신의 내면이 강하면 타인이 비난했을 때 그것과 떨어져 객관적으로 판단할 수 있게 된다. 내가 타인에게 그런 모진 말을 들을 만큼 잘못하지 않았는데 타인이 나를 비난하거나 공격한다면 그것은 그 사람의 문제이다. 그 순간 그 비난은 나에게 가져올 필요가 없어진다. 이것은 내면에 나의 확고한 기준이 있을 때 가능한 정확한 판단이다. 그럼 그 비난은 단지 그 사람의 문제가 된다.

진정한 강한 사람. 상황을 올바르게 판단하고 있는 그대로 수용할 수 있는 사람이다.

즉, 자신에게 친절하고, 고통을 수용하는 것이야말로 궁극적으로 진정한 승자의 길로 가는 길이라 할 수 있다.

Q4. 자신에게 친절하면 목표를 달성하기 어렵다?

A   이 팀장 "이 대리, 일 이딴 식으로 할 거야? 아! 진짜 짜증 나네. 너, 진짜 한심해."

신 부장 "괜찮아. 그럴 수 있어. 근데 우리 앞으로 어떻게 하면 더 개선할 수 있을지 생각해 보자."

프로젝트를 추진하는 과정에서 아주 큰 실수를 저지른 상황이다. 당신이라면 어떤 상사와 일하고 싶은가. 아니면 어떤 상사와 일했을 때 일의 효율이 더 높아질 것 같은가.

신 부장과 일할 때 훨씬 긍정적인 마음으로 일할 수 있을 것이라는 사실에는 이견이 없을 것이다. 아마도 신 부장과 일한다면 업무의 성과도 더 높을 것이다. 개인의 삶에서도 신 부장과 같은 상사를 곁에 두는 게 좋지 않을까.

당신과 24시간 붙어 있는 상사는 바로 당신 자신이다. 스스로에게 좋은 상사가 되어 줄 때 원하는 목표를 수월하게 달성할 수 있다는 의미다. 목표를 달성하기 위해 달려가는 과정에서 수많은 시행착오가 있을 수 있는데, 실패라는 결과 자체를 있는 그대로 받아들이고 다시 도전하는 용기를 갖는 게 중요하다.

진심으로 이루고 싶은 목표를 향해 달려갈 때 가장 필요한 건 엄격한 채찍질이 아니다. 크고 작은 실패와 좌절 속에서도 자기에게 자비로울 수 있는 태도다.

Q5. 자기자비는 자기 연민에 불과하다?

A   자기 연민과 자기자비는 오히려 반대의 개념이다.

'세상에서 나만 힘들어. 왜 나한테 이런 일이 생기는 거야? 어떻게 이런 일이 나한테 일어날 수 있지?'

이것이 자기 연민이다. 자기 연민은 현재 감정에 함몰된 상태다. 개인의 의식이 상황과 감정에 사로잡혀 그 상황에서 한 발짝 물러나 객관적 관점을 취하기가 어렵다.

즉 자기 연민은 고통 속에 고립되어 스스로를 불쌍하게 여기는데 반해, 자기자비는 자신의 고통을 타인과 연대할 수 있는 심리다.

'인간인 이상 누구나 힘든 거야. 나한테도 힘든 일이 일어나는 게 당연해.'

자기자비는 혼자만 고통스럽다는 자기중심성에서 비롯된 고립감에서 벗어나, 타인과 연결되어 있다는 상호연대감을 느끼게 해준다. 이는 고통스러운 상황을 왜곡하거나 과잉 동일시하지 않고, 객관적으로 상황을 볼 수 있도록 만들어 줌으로써 정신적 여유를 가져다준다.

by. 정유리

에필로그

행복을 얻는 힘, 좋은 것을 얻는 힘,

우리가 삶에서 필요로 하는 모든 것을 얻는 힘은

우리 각자 내부에 있다.

그곳에 힘이 있다.

그것은 무한한 힘이다.

로버트 콜리어 Robert Collier

이 책을 함께 쓴 우리도 자기자비를 모르고 살았던 세월이 꽤 길었다. 그래서일까. 자기자비를 실천하는 게 쉽지만은 않았다. 자기자비 심리학을 접한 후부터 지금까지 부단히 실천하려고 노력했고, 지금도 그 과정에 있다. 이 책을 통해 자기자비 심리학을 접한 독자들도 자신과 더 좋은 관계를 갖기 위해 노력했으면 한다. 지나온 시간 동안 우리가 겪었던 시행착오를 발판으로 삼기를 바란다.

진심을 담으려고 노력했다. 모든 글을 탈고하는 그 순

간까지 고치고 또 고쳤다. 살아온 환경이 다른 세 작가가 만나 하나의 목적지를 향해 가는 과정이 쉽지만은 않았다. 그럼에도 확실한 단 하나, 우리는 지난 몇 개월 동안 또 한 번 뜨거웠다. 글자를 지나 문장을 넘어 문단으로 가는 그 모든 순간에 최선을 다했다. 그 모든 시간이 훗날의 우리를 만들어줄 것이라고 믿는다.

어떤 말로 마무리하는 게 가장 좋을까. 어떤 단어를 선택해야 우리의 진심이 전해질까. 우리의 고심과 고뇌를 담고 싶었다. 이 책을 닫기 전, 우리가, 당신이, 꼭 해야 할 마지막 자기자비를 실천하는 마음가짐에 대해 이야기 해보려고 한다.

첫째, 스스로를 기다려 줘야 한다. 자신과의 관계를 개선하기까지는 생각보다 많은 시간이 필요하다. 자기와의 관계는 자신에 대해서 알아가는 과정이다. 하지만 자신에 대해서 알고 그것을 존중하고 지켜주는 것은 결코 쉬운 과정이 아니다. 나에 대해 호기심을 가지고 바라보며,

나의 내면과 친밀함을 키워가는 과정. 그리고 그것을 계속 유지하기 위해서는 많은 시간이 필요하다. 하지만 그것이 얼마나 중요한지 깨달았다면 그것만으로도 당신의 삶은 변하기 시작할 것이다. 그 변화에 대한 조급증은 내려놓고 꾸준히 노력하다 보면 스스로에 대해 몰랐던 많은 것들을 발견할 수 있을 것이다.

둘째, 스스로에게 예의를 지켜야 한다. 인간은 때때로 자기를 구박하고 자기를 비난하는 경향이 있다. 이런 마음가짐은 자신을 한심하게 만들며, 긍정적인 관계 형성을 어렵게 한다. 만약 자기 자신과 친해지는 게 어렵고 불편하다면, 무례하지 않은 태도부터 시작해 보자. 자기를 비난하고 욕하고 평가하는 행위는 스스로에게 굉장히 무례한 태도라는 걸 인지하자. 다시 말해 자기에게도 예의를 지키는 게 중요하다.

셋째, 불완전하다는 사실을 받아들여야 한다. 자기자비를 실천하면서도 스스로를 비난할 수 있다. 하지만, 자비롭지 못한 자신을 마주할 때 그런 자신을 있는 그대로 수용하는 것 또한 진정한 자기자비를 실천하는 태도이다. 자기자비는 우리가 더 나은 사람이 되기 위한 것이 아니며, 더 좋은 기분을 느끼기 위한 것도 아니다. 단지 있는 그대로의 자신을 수용하라는 메시지다. 존재 자체로 사랑스러웠던 아이를 대하는 것처럼 말이다. 우리는 불완전하고 미숙하며, 그래서 종종 실수하고 실패한다. 이런 자기 자신을 애틋하게 받아들여보자.

넷째, 모든 고통의 순간에 당신은 혼자가 아니다. 인간은 누구나 상처를 안고 산다. 인류의 긴 역사가 그것을 방증한다. 또한 현재를 함께 살아가는 사람들도 자신만의 고통을 가지고 살아가고 있다. 이런 사실을 고통의 순간에도 스스로 떠올릴 수 있을 때 혼자처럼 느껴지는 자신의 인생의 과정에서도 고립되지 않을 수 있다.

마지막으로, 먼저 타인에게 자비롭게 대해보자. 그리고 그러한 방법을 자신에게도 적용해 보자. 조금 더 쉽게 자기자비를 실천할 수 있을 것이다. 실제로 타인과 나에 대한 정보를 처리하는 뇌의 영역은 서로 밀접한 관계를 가지고 있다. 따라서 사람은 자신을 대하는 것처럼 타인을 대한다는 옛말이 현대 뇌과학에서도 일리가 있는 것으로 밝혀졌다. 이는 더 나아가 타인을 대하는 친절한 태도도 나를 대하는 친절한 태도에 영향을 줄 수 있다는 것을 의미하기도 한다. 그러므로 타인에게도 친절하고 다정하게 대하면서, 자기 자신을 친절하고 다정하게 대하는 연습을 꾸준히 해보기를 바란다.

이런 마음가짐과 함께라면 자기자비를 실천하는 과정도 즐길 수 있을 것이다. 그리고 이런 노력은 자기는 물론이고 주변 사람들에게도 긍정적인 변화를 가져다줄 것이다. 이 과정에서 당신은 자기가 원하는 행복한 삶에 더 가까이 다가가고 있을 것이다.

17년의 출가 생활을 마무리하고 파계한 스님의 얘기를 들은 적이 있다. 그분은 속세에 돌아와 자신의 입지를 찾지 못하고 방황하다가 자살까지 생각하게 되었다고 한다. 17년을 수행했음에도 여전히 세상은 호락호락하지 않다는 걸 보여주는 한 장면이라는 생각이 든다.

그만큼 인생은 우리를 지켜주는 든든한 지지자가 필요하다는 의미이기도 하다. 그런데 늘 함께인 나조차 스스로에게 모진 소리를 하고 비난한다면 누가 나의 편이 되어 줄 수 있을까?

자신이 원하는 삶을 살기 위해 스스로의 가장 큰 격려자가 되어 주는 것은 어떨까?

그것이 바로 우리가 자기자비를 전하는 이유다.

참고문헌

1장. 나의 품격, 자기자비

3)

1. Rosenberg, M. (1965) Rosenberg self-esteem scale (RSE). Acceptance and commitment therapy. *Measures package*, 61(52), 18.

2. Neff, K. D. (2011). Self-compassion, self-esteem, and well-being. *Social and personality psychology compass*, 5(1), 1–12.

3. Neff, K. D., & Vonk, R. (2009). Self-compassion versus global self-esteem: Two different ways of relating to oneself. *Journal of personality*, 77(1), 23–50.

4)

1. Neff KD. (2003). Self-compassion: an alternative conceptualization of a healthy attitude toward oneself. *Self Identity*, 2:85–102.

2. Zeigler-Hill, Virgil. (2013). *Self-esteem* . Psychology Press.

3. Crocker, J., & Park, L. E. (2004). The costly pursuit of self-esteem. *Psychological bulletin*, 130(3), 392.

4. Goetz, J. L., Keltner, D., & Simon-Thomas, E. (2010). Compassion: an evolutionary analysis and empirical review. *Psychological bulletin*, 136(3),

마음의 품격, 자기자비 심리학

351.

5. Neff, K. D. (2023). Self-Compassion: Theory, Method, Research, and Intervention. *Annual Review of Psychology*, 74(1), 193-218.

6. Leary, M., Tate, E., Adams, C., Allen, A., & Hancock, J. (2007). Self-Compassion and Reactions to Unpleasant Self-Relevant Events. *Journal of Personality and Social Psychology*, 92(5), 887-904.

7. Raes, F., Pommier, E., Neff, K. D., & Van Gucht, D. (2011). Construction and factorial validation of a short form of the Self-Compassion Scale. *Clinical Psychology & Psychotherapy*, 18, 250-255.

2장. 자기친절 : 나를 대하는 태도

2)

1. Layla Boroon, Babak Abedin, & Eila Erfani. (2021). The Dark Side of Using Online Social Networks: A Review of Individuals' Negative Experiences. *Journal of Global Information Management (JGIM)*, 29(6), 1-21.

2. Judith, B., White, Ellen, J., Langer, Leeat Yariv, & John, C., Welch, IV. (2006). Frequent Social Comparisons and Destructive Emotions and Behaviors: The Dark Side of Social Comparisons. *Journal of Adult Development*, 13(1).

3. 김채란, & 박영순. (2022). 대학생의 사회비교경향성과 주관적 안녕감의 관계: 소외에 대한 두려움과 자기자비의 순차매개효과. *청소년문화포럼*, 69, 43-67.

3)

1. 이동귀, 손하림, & 김서영. (2021). *네 명의 완벽주의자*. 흐름출판.

2. 송동림. (2009). 완벽주의에 대한 심리학적 고찰. *신학전망*, (166), 27–59.

3. Mistler, B. A. (2010). Forgiveness, perfectionism, and the role of self-compassion. Doctoral dissertation. *University of Florida, Florida*.

4. Breines, J., & Chen, S. (2012). Self-Compassion Increases Self-Improvement Motivation. *Personality & Social Psychology Bulletin*, 38(9), 1133–1143.

4)

1. Gordon L. Flett, & Paul L. Hewitt. (1991). perfectionism in the self and social contexts: Conceptualization, assessment, and association with psychopathology. *Journal of Personality and Social Psychology*, 60(3), 456–470.

2. Neff, K. D. (2003a). The Development and Validation of a scale to Measure Self-Compassion. *Self and Identity*, 2(3), 223–250.

5)

1. 마크 매코맥. (1999). *하버드 MBA에서도 가르쳐주지 않은 것들 1*. 길벗.

2. Elliot, E. S., McGregor, & H. A., Gable, S. L. (1999). Achievement goals, study strategies, and exam performance: A mediational analysis. *Journal of Educational Psychology*, 91, 549–563.

3. Neff, K. D., Hsieh, Y.-P., & Dejitterat, K. (2005). Self-compassion, Achievement Goals, and Coping with Academic Failure. *Self and Identity*, 4(3), 263–287.

3장. 인류보편성 : 모두 다 그래

1)

1. 채수미, 김혜윤, 최소영, 이상정, 현진희, 김태종, 배정은, & 전진아. (2021). 사회정신 건강연구센터 운영: 한국인의 트라우마와 회복력 증진 전략. *한국보건사회연구 원*, 2021(9).

2. Bishop, S. R., Lau, M., Shapiro, S. L. (2004). Mindfulness: A proposed operational definition. *Clinical Psychology: Science and Practice*, 11(3), 230–241.

2)

1. 최정윤, & 송용관. (2021). 요가프로그램이 성인여성 요가 수련생들의 자기자비심, 마음챙김과 나르시즘에 미치는 효과. *한국여성체육학회지*, 35(4), 33–50.

2. 조옥경. (2017). 트라우마 치유를 위한 요가테라피. *요가학연구*, (18), 77–102.

3)

1. Leary, M., Tate, E., Adams, C., Allen, A., & Hancock, J. (2007). Self-Compassion and Reactions to Unpleasant Self-Relevant Events. *Journal of Personality and Social Psychology*, 92(5), 887–904.

4)

1. Shauna L. Shapiro. (2021). *마음챙김*. Andromedian.

4장. 마음챙김 : 있는 그대로

1)

1. 이하나, & 안순태. (2020). 우울감 표현에 대한 지각된 혜택과 장애 요인: 의미 연결망 분석을 활용한 탐색적 연구. *Korean Journal of Adult Nursing*, 32(6), 571–583.

2. 노형철. (2022). 감정조절, 어떻게 가능할까?: 감정조절의 메커니즘과 브레인 트레이닝. *브레인*, 95, 12–17.

2)

1. 오용석, & 박성호. (2022). 마음일기에 나타난 명상적 글쓰기의 역할과 치유. 명상심리상담, 27, 27–37.

3)

1. Christopher K. Germer, Ronald D. siegel, & Paul R. Fulton. (2005). Mindfulness and Psychotherapy. Guilford Press.

2. Matthew A. Killingsworth & Daniel T. Gilbert. (2010). A Wandering Mind Is an Unhappy Mind. *Science*, 330, 932–932.

3. Luders, E., Cherbuin, N., & Kurth, F. (2015). Forever Young (er): potential age-defying effects of long-term meditation on gray matter atrophy. *Frontiers in Psychology*, 5, 119164.

4. Hölzel, B. K., Carmody, J., Vangel, M., Congleton, C., Yerramsetti, S. M., Gard, T., & Lazar, S. W. (2011). Mindfulness practice leads to increases in regional brain gray matter density. *Psychiatry research: neuroimaging*, 191(1), 36–43.

마음의 품격, 자기자비 심리학

4)

1. 김광웅. (2007). 자아존중감 및 자기수용과 스트레스 대처행동과의 관계. *한국심리학회지: 상담 및 심리치료*, 19(4), 983–999.

2. 덕선스님. (2022). *덕선스님의 강의 노트 바다찾기*. 비단길.

5)

1. Hamilton, P. (1939). *Gaslight: A Victorian Thriller in Three Acts*. Constable.

6)

1. 안태영, 박서단, & 양수진. (2020). 그릿은 어떻게 길러지고 사회화되는가? 지각된 부모의 실패마인드셋 및 부모의 학업기대, 그리고 대학생의 실패내성의 관계를 중심으로. *한국심리학회지: 발달*, 33(2), 103–121.

2. 최승실, 김영숙, & 박인천. (2020). 양궁선수들의 실패내성과 자기효능감의 관계. *코칭능력개발지*, 22(4), 15–23.

[Q&A] 자기자비에 대한 오해 바로 알기

1. Neff, K. D. (2023). Self-Compassion: Theory, Method, Research, and Intervention. *Annual Review of Psychology*, 74(1), 193–218.

2. 서늘한 여름밤의 아무 마음. (2023. 11. 24.) *자기자비에 대한 오해와 진실* [Video]. YouTube. https://www.youtube.com/watch?v=QzF73ghGZmU.

3. Neff, K. D., & Pommier, E. (2013). The relationship between self-compassion and other-focused concern among college undergraduates, community adults, and practicing meditators. *Self and identity*, 12(2), 160–176.